CONTENTS

INTRODUCTION

Thank you for choosing *Red Square Russian*. My hope is that this course will help to enthuse your pupils about learning Russian, whilst simultaneously making your life easier by providing you with a framework to follow and lots of useful exercises to exploit in your teaching. I have tried to make the *RSR* course as comprehensive as possible, but you may well find that your pupils would benefit from further practice of certain topics. In the near future additional materials to complement the course will become available free of charge via Google docs. There will be a link to these materials from the website. These materials include vocabulary tests, PowerPoint presentations, grammar drills, and more.

The purpose of this teacher's booklet is not to tell you how to teach, but to provide both a key to the exercises in the book and a transcript of the listening activities. Having said this, I would like to make a few points that will hopefully help you to get the most out of the course.

Firstly, you will notice that the textbook does not introduce the alphabet. This is something that needs conquering right at the start of the academic year, before getting stuck into a proper course. The *RSR Alphabet Booklet* (available now) is one way for you to address this challenge and is based on a more primitive booklet that I made years ago for teaching my pupils at Winchester. I have always introduced handwritten and printed Cyrillic at the same time in small groups of letters; in my view, anything else takes too long and is too patronising to the bright pupils who generally pick Russian in the first place. For this reason, the printed alphabet is used throughout. My expectation is that, whilst teaching the alphabet at the beginning of the year, teachers will also cover basic greetings, introductions and the numbers 1-20. *RSR Book 1* picks up from this point.

Secondly, I took the decision *not* to include stress marks. This is because I think that they are a distraction: they are not written in authentic Russian texts; stress is exceptionally difficult and often jumps around inexplicably from one case to the next; and some weaker pupils invariably write them on their work, thinking they are accents. My view is that pupils are more likely to get stress right by mimicking their teacher's pronunciation and that in the listening exercises.

Thirdly, many chapters begin with a simple introduction of new vocabulary. This is often a match-up exercise of some sort. My suggestion is that such exercises are tackled *after* the teacher completes an initial presentation of the vocabulary using their own PowerPoint, flashcards, or other method.

Lastly, the vocabulary list at the back of the textbook is comprehensive, but it does not include some more difficult items that are occasionally heard in the listening exercises. This encourages pupils to guess the meaning of new vocabulary from the context, and to listen for gist. Both of these are important skills for exams and language learning in general.

Teachers of Russian in the UK have been poorly served by publishers over the years. I wrote the book because I wanted to present my pupils with something that is clearly and attractively presented, user-friendly, and presents a suitable level of challenge to bright learners. It is not perfect – I am sure some teachers will question the order in which certain things are introduced, or the omission of others – but it is, I feel confident, an improvement on what has gone before. One reason for publishing this myself is that I can control future editions. To this end, if you would like to make a constructive suggestion for future versions, then please do not hesitate to contact me.

Stephen Rich
Winchester, August 2018

PART 1: ЗНАКОМСТВО

Part 1 covers basic introductions and biographical information. This includes the topics of family, simple likes and dislikes, home town, and pets.

1.1 Обо мне

📖 Задание 1

	Name	Age	Brother?	Sister?	City
а	Nikolai	13	✓	✓	St Petersburg
б	Tamara	14	✗	✓	Kiev
в	Ivan	12	✓	✗	London
г	Olga	14	✓	✓	Moscow
д	Stepan	13	✗	✗	Berlin

🎧 Задание 2

(а) Привет! Меня зовут Таня. У меня есть **брат**.

(б) Здравствуйте! Меня зовут Борис. Я живу в **Москве**.

(в) Привет! Меня зовут Аня. Мне **13** лет.

(г) Добрый день! Меня зовут **Иван**. Я живу в Москве.

(д) Привет! Меня зовут Лара. У меня есть **сестра**.

🗨 Задание 3

Suggested answers:

как тебя зовут? → Меня зовут Джо Блоггс.

- сколько тебе лет? → Мне 13 лет.
- у тебя есть брат или сестра? → Да, у меня есть сестра.
- где ты живёшь? → Я живу в Лондоне.

✏ Задание 4

(а) **Меня** зовут Вадим.

(б) **Мне** 17 лет.

(в) Я **живу** в Москве.

(г) Где **ты** живёшь?

(д) У **меня** есть брат.

(е) **Сколько** тебе лет?

(ж) **Мне** 13 лет.

(з) Как тебя **зовут**?

(и) **Меня** зовут Боб.

(к) У **тебя** есть брат или сестра?

✏ Задание 5

(а) Манчестер → в **Манчестере**

(б) Лутон → в **Лутоне**

(в) Красноярск → в **Красноярске**

(г) Париж → в **Париже**

(д) Дудинка → в **Дудинке**

(е) Владивосток → во **Владивостоке**

(ж) Кострома → в **Костроме**

(з) Винчестер → в **Винчестере**

(и) Эдинбург → в **Эдинбурге**

(к) Барселона → в **Барселоне**

(л) Минск → в **Минске**

(м) Варшава → в **Варшаве**

(н) Рим → в **Риме**

(о) Ташкент → в **Ташкенте**

(п) Нью-Йорк → в **Нью-Йорке**

✏ Задание 6

(а) Меня зовут Степан. Мне 18 лет. У меня есть сестра. Я жизу в Манчестере.

(б) Меня зовут Ольга. Мне 12 лет. У меня есть брат и сестра. Я живу в Санкт-Петербурге.

(в) Меня зовут Борис. Мне 13 лет. У меня нет ни братьев, ни сестёр. Я живу в Киеве.

(г) Меня зовут Аня. Мне 14 лет. У меня есть сестра. Я живу в Лондоне.

(д) Меня зовут Лара. Мне 15 лет. У меня есть брат и сестра. Я живу в Берлине.

1.2 Моя семья

📖 Задание 1

nominative	я	ты	он	она	for the subject of a verb
accusative	меня	тебя	его	её	for the object of a verb, including with зовут
genitive	меня	тебя	него*	неё*	to express 'to have' after the preposition у
dative	мне	тебе	ему	ей	to express age

* the н only occurs, of course, after a preposition, but little will be gained by addressing this here. I suggest you wait until unit 1.5 when the table is given in full.

(а) Who has a TV? **Galina**

(б) Who has a computer? **Natasha**

(в) Who is Timur? **Sasha's dad**

(г) Who is a nurse? **Galina**

(д) Who lives in Ukraine? **Natasha**

(е) Who is an engineer? **Timur**

✒ Задание 2

(а) Это **моя** бабушка. **Её** зовут Нина. **Ей** 70 лет.

(б) Это **мой** папа. **Ему** 47 лет. **Его** зовут Борис.

(в) Это **мой** брат. **Ему** 15 лет. **Он** живёт в Москве.

(г) Это **моя** тётя. **Ей** 35 лет. **Её** зовут Маша.

(д) Это **мой** дядя. **Ему** 40 лет. **Он** живёт в Новосибирске.

(е) Это **мой** дедушка. **Его** зовут Володя. **Ему** 75 лет.

(ж) Это **моя** мама. **Её** зовут Тамара. **Ей** 45 лет.

🗨 Задание 3

Suggested answers are given. Pupils could get up and ask / answer these questions with different people in the group. You could give them two minutes and a target of speaking to five people.

- у тебя есть брат / сестра? → Да, у меня есть брат.
- сколько ему / ей лет? → Ему 10 лет.
- где он / она живёт? → Он живёт в Лондоне.

✒ Задание 4

A full example would be:

Джон

У него есть сестра. Её зовут Мери. Она живёт в Дублине.

📖 🗨 Задание 5

(а) карта - f

(б) семья - f

(в) карандаш - m

(г) ручка - f

(д) окно - nt

(е) дверь - f

(ж) телевизор - m

(з) водка - f

(и) пенал - m

(к) кресло - nt

(л) линейка - f

(м) резинка - f

(н) стол - m

(о) дедушка - m (grandfather)

(п) хоккей - m

(р) имя - nt

(с) плакат - m

(т) такси - nt

(у) словарь - m

(ф) дядя - m (uncle)

(х) время - nt

✒ Задание 6

The first few only are given. See above for the gender of the nouns.

(а) моя карта / твоя карта

(б) моя семья / твоя семья

(в) мой карандаш / твой карандаш

etc.

1.3 Что я люблю

🎧 **Задание 1**

Transcript:

> (а) Меня зовут Таня, и мне 15 лет. Я очень люблю спорт.
> (б) Меня зовут Марк. У меня есть сестра. Я люблю пиццу.
> (в) Меня зовут Ольга. Я очень люблю лимонад. Я живу в Москве.
> (г) Меня зовут Олег. Я люблю компьютер. У меня есть брат.
> (д) Привет! Меня зовут Аня. Я люблю музыку.
> (е) Меня зовут Виктор. Я очень люблю теннис и гольф. Я живу в Саратове.
> (ж) Здравствуйте, здравствуйте! Я Лиза, и я очень люблю шоколад.
> (з) Всем привет! Меня зовут Стас. Мне 16 лет, и у меня есть брат и сестра. Я очень люблю мой велосипед.

Answers:

Таня	а	Аня	в
Марк	д	Виктор	б
Ольга	з	Лиза	г
Олег	г	Стас	ж

📖 **Задание 2**

Hello! My name is Vadim and I'm 17. I **live** in Volgograd. I really **love / like** football, but I don't really like **school**. I have a **brother**. He is 13. He loves **tennis**. My mum works in a **cafe**. She's called Tatiana. She loves **coffee** and **chocolate**.

Hi! My name is Daria, and I'm 14. I live in Irkutsk. In my **family** I have mum, stepdad and a **sister**. We really like **music**, especially **rock music**. I really **love / like** sport. **My** sister also loves sport, but she **doesn't** like golf. What do **you** like?

✒ **Задание 3**

I	я	**люблю**
you (sg)	**ты**	любишь
he	он	**любит**
she	**она**	любит
we	мы	**любим**
you (pl. or polite.)	вы	любите
they	они	любят

✒ **Задание 4**

(а) я люблю музыку
(б) они любят хоккей
(в) вы любите кофе
(г) ты любишь Европу
(д) мы любим Россию
(е) он любит велосипед

(ж) я люблю пиццу
(з) моя сестра любит шоколад
(и) мы любим волейбол
(к) я не очень люблю чай

(л) мой дядя очень любит регби
(м) вы любите водку
(н) ты любишь меня
(о) они любят её

🎤 **Задание 5**

Pupils should be encouraged to speak to their peers, using different nouns in the accusative after я люблю. They could also say what they don't like. e.g. Я люблю водку, но я не люблю виски.

✒ **Задание 6**

(а) Мне 49 **лет**.
(б) Ему 42 **года**.
(в) Ей 11 **лет**.
(г) Мне 25 **лет**.

(д) Ему 31 **год**.
(е) Ей 66 **лет**.
(ж) Мне 2 **года**.
(з) Ему 17 **лет**.

(и) Ей 53 **года**.
(к) Мне 81 **год**.
(л) Ему 14 **лет**.
(м) Ей 23 **года**.

(н) Мне 79 **лет**.
(о) Ему 1 **год**.
(п) Ей 33 **года**.
(р) Мне 13 **лет**.

✒ **Задание 7** is an extended writing task.

1.4 Мой город

📖 Задание 1

(a)	Tamara	Sochi	south of Russia
(б)	Ivan	Luton	south of England
(в)	Olga	Krasnoyarsk	centre of Russia
(г)	Boris	Khabarovsk	east of Russia
(д)	Tanya	Paris	north of France
(е)	Taras	Bristol	west of England

✏️ Задание 2

(a) на севере Англии
(б) в центре России
(в) на западе Шотландии
(г) на востоке Ирландии
(д) на юге Франции

(е) в центре Германии
(ж) на севере Голландии
(з) на востоке России
(и) на западе Англии
(к) на юге Шотландии

📖 Задание 3

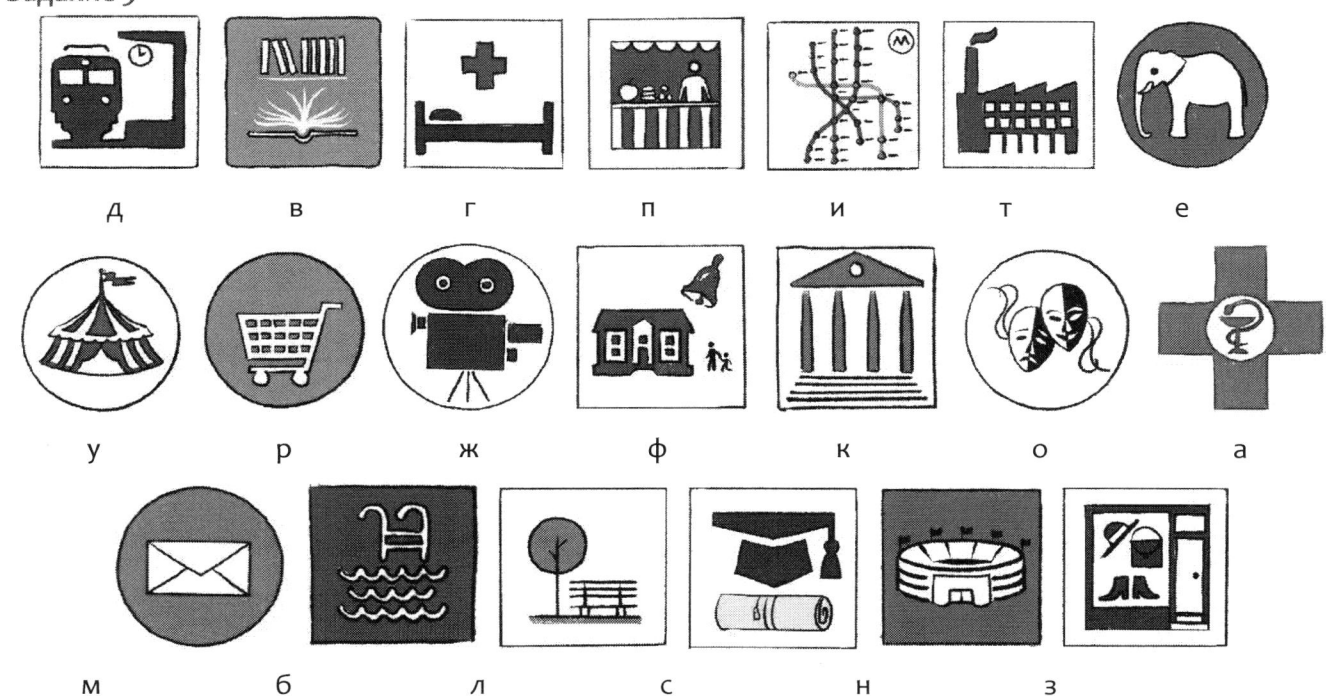

д   в   г   п   и   т   е

у   р   ж   ф   к   о   а

м   б   л   с   н   з

🎧 Задание 4

Transcript:

(a) Меня зовут Ольга, и я живу в городе, который находится в центре России и называется Томск. У меня в городе есть университет, почта и вокзал.

(б) Меня зовут Юра, и я живу в городе, который называется Владивостоке. Владивосток находится на востоке России. У меня в городе есть рынок, музей и супермаркет.

(в) Меня зовут Маша, и я живу в городе, который находится на западе России и называется Смоленск. В Смоленске есть театр, цирк и зоопарк.

(г) Меня зовут Вова. Мой город находится на западе России и называется Санкт-Петербург. У меня в городе есть метро, больница и вокзал.

(д) Привет! Меня зовут Юлия. У меня в городе есть кинотеатр, школа и библиотека. Мой город называется Братск и находится в центре России.

(е) Здравствуйте! Меня зовут Женя, и мне 17 лет. Я живу в Ульяновске. В Ульяновске есть парк, стадион и музей. Ульяновск находится на западе России.

(ж) Я – Лера. Мой город находится на севере России и называется Мурманск. У меня в городе есть универсам, бассейн и фабрика.

(з) Привет! Меня зовут Федя, и я живу в Краснодаре. Это город, который находится на юге России. У меня в городе есть зоопарк, цирк и вокзал.

Answers:

	Location of town	*A place in town mentioned*
(а) Ольга	centre	post office
(б) Юра	east	market / museum / supermarket
(в) Маша	west	theatre / circus / zoo
(г) Вова	west	metro / hospital / railway station
(д) Юлия	centre	cinema / school / library
(е) Женя	west	park / stadium / museum
(ж) Лера	north	supermarket / swimming pool / factory
(з) Федя	south	zoo / circus / railway station

🐾 Задание 5

This is a variation on the 'Auntie went to the shops and she bought' memory game.

🖉 Задание 6

Pupils should write variations of the example sentence given.

🎧🖉 Задание 7

As an alternative, pupils could write down a summary in English of the information given.

Transcript & Answer:

Здравствуйте! Меня зовут Аня. Мне 14 лет. У меня есть брат. Ему 16 лет, и его зовут Иван. Я очень люблю спорт и музыку. Я живу в городе, который находится на западе России и называется Москва. У меня в городе есть университет, театр и вокзал.

1.5 Домашние животные

📖 Задание 1

dog	собака
cat	кот
hamster	хомяк

rabbit	кролик
parrot	попугай
horse	лошадь

(а) step-mother, father, dog
(б) cinema / films, music
(в) uncle, aunt

(г) park, shop
(д) south of Russia
(е) like a zoo because she has lots of animals

🖉 Задание 2

I	я	**живу**
you (sg)	**ты**	**живёшь**
he / she	он / она	**живёт**
we	**мы**	живём
you (pl. or polite.)	вы	живёте
they	**они**	**живут**

🖉 Задание 3

(а) Я **живу** в Лондоне.
(б) Мы **живём** в Довере.

(в) Мой брат **живёт** в Богнор-Риджесе.
(г) Вы **живёте** на юге?

(д) Где **ты** живёшь?

(е) Мои дядя и тётя **живут** в Лутоне.

(ж) **Я** живу на западе.

(з) Мой дедушка **живёт** в Нью-Йорке.

(и) Ты не **живёшь** в Москве?

(к) Мы с семьёй **живём** в центре.

(л) Артём и Марина **живут** в Варшаве.

(м) **Вы** не живёте в Болтоне.

🎧 **Задание 4**

Transcript:

Здравствуйте! Меня зовут Ира. Мне 18 лет, и я живу в Красноярске в центре России. У меня есть бабушка и дедушка. Их зовут Игорь и Рита. К сожалению, они не живут в Красноярске, а в Якутске. Это город, который находится на востоке России. У них в городе есть кинотеатр, музей и бассейн. А дома у них есть собака и кролик. Я не очень люблю спорт, но бабушка и дедушка очень любят теннис и регби. Они также любят пиццу. Они очень не любят поп музыку и водку, хотя бабушка любит французское вино! Они молодцы, мои бабушка и дедушка. Я их очень, очень люблю!

Answers:

(а) Игорь и Рита живут в

Якутске

(б) Город находится

на востоке России

(в) У них есть

кролик

(г) Они любят

пиццу и теннис

(д) Они не любят

водку и музыку

✐ **Задание 5**

(а) У меня есть лошадь.

(б) У них есть хомяк.

(в) У нас есть собака.

(г) У вас есть попугай.

(д) У неё есть кот.

(е) У него есть кролик.

✐ **Задание 6** is an extended writing task based on everything covered so far.

📢 **Задание 7** is an opportunity for pupils to give a short presentation from memory or a few notes to the class or a small group.

PART 2: СВОБОДНОЕ ВРЕМЯ

Part 2 introduces pupils to basic free time vocabulary. Initially they work with infinitives but then learn how to use I and II conjugation verbs in the present tense; there is more practice with the accusative and prepositional. The topics in part 2 are: hobbies, talking about their week, sport, music, and free time destinations.

2.1 Мои хобби

📖 **Задание 1**

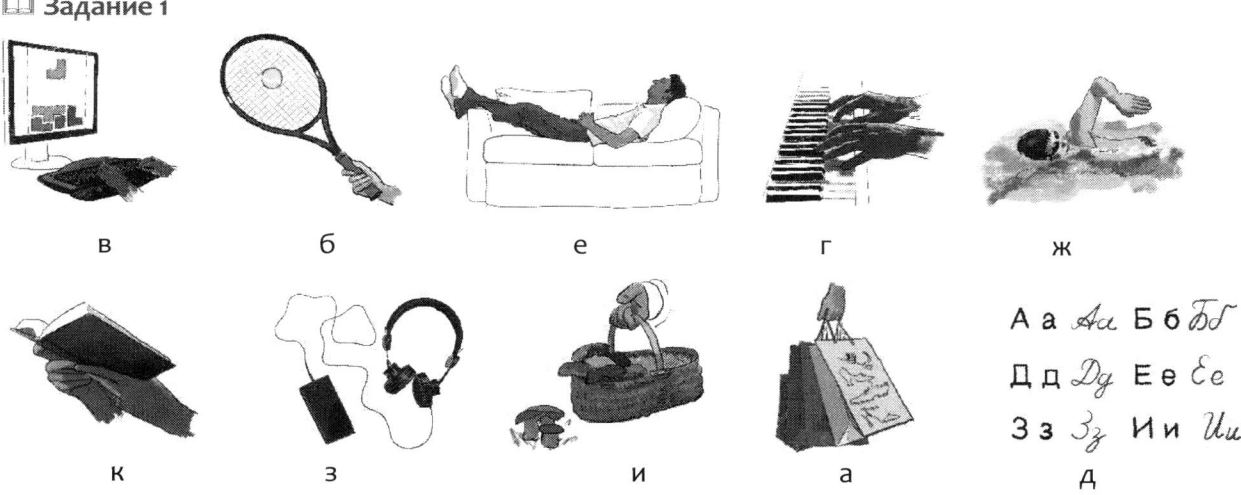

	Something he / she likes	Something he / she dislikes	Any further details
Katya	her town / opera / classical music / shopping	playing on the computer	lives in Kaliningrad; town has an opera theatre
Timofei	playing tennis / badminton	studying Russian	lives in north of Russia in Archangelsk (Archangel); has a parrot called Stevie
Olga	reading, especially Jane Austen	swimming / sport	her sister is called Natasha and she loves sport
Igor	playing the piano / Tchaikovsky	listening to music	lives in Novsibirsk, which is an industrial city in Siberia

🗣 Задание 3

Pupils should practise the dialogue, making suitable changes to the underlined words. They could rehearse this with different partners, and gradually try to recite it from memory.

🎧 Задание 4

Transcript:

1. Я очень люблю собирать грибы в лесу, потому что это весело.
2. Я не люблю делать покупки, потому что это скучно.
3. Моя тётя любит собирать слушать музыку, потому что это приятно.
4. Мой брат любит читать книги, потому что это интересно.
5. Мы не любим изучать русский язык, потому что это трудно.
6. Мы любим плавать в бассейне, так как это весело.
7. Они не очень любят отдыхать дома, потому что это скучно.
8. Я люблю играть на пианино, так как это приятно.
9. Моя бабушка любит играть на компьютере, потому что это интересно.
10. Мы не любим играть в теннис, потому что это трудно.

Answers:

	1	2	3	4	5	6	7	8	9	10
computer									✓	
tennis										✓
resting at home							✓			
piano								✓		
swimming						✓				
books / reading				✓						
music / headphones			✓							

	✓									
		✓								
Аа *Аа* Бб *Бб* Дд *Дд* Ее Ёё Зз *Зз* Ии *Ии*			✓							

🎧 **Задание 5**

1. it's fun = **а**
2. it's boring = **г**
3. it's pleasant = **в**
4. it's interesting = **б**
5. it's difficult = **д**

(а) это весело
(б) это интересно
(в) это приятно
(г) это скучно
(д) это трудно

✒ **Задание 6**

(а) Мы любим слушать музыку, потому что это приятно.

(б) Мой дедушка не любит делать покупки, потому что это скучно.

(в) Ты очень не любишь читать книги, потому что это трудно.

(г) Мы с семьёй очень любим плавать в бассейне, потому что это весело.

(д) Твоя сестра любит собирать грибы, потому что это интересно.

(Так как can of course be used as an alternative to потому что here.)

2.2 Моя неделя

✒ **Задание 1**

(а) Я **делаю** покупки.
(б) Мы **плаваем** в бассейне.
(в) Ты **играешь** на пианино?
(г) Моя сестра не **читает** книги.
(д) Вы **слушаете** музыку?
(е) Они **собирают** грибы в лесу.
(ж) Я очень люблю **изучать** русский язык.
(з) Мы с семьёй **отдыхаем** дома.
(и) Мой брат **играет** на компьютере.
(к) Ты не любишь **играть** в теннис?
(л) Я **собираю** грибы в лесу.

(м) Моя тётя **делает** покупки.
(н) Вы **изучаете** русский язык?
(о) Мы не **играем** на компьютере.
(п) Они **слушают** музыку.
(р) Вы **плаваете** в бассейне.
(с) Ты **читаешь** книги?
(т) Я не очень люблю **отдыхать** дома.
(у) Она не **изучает** русский язык.
(ф) Я не **играю** в гольф.
(х) Мы **читаем** биографию.

🎧 **Задание 2**

Transcript:

> Привет! Я – Ваня. Вот что я делаю в свободное время.
> По субботам я отдыхаю дома и играю на компьютере, потому что это весело.
> По воскресеньям я играю в теннис или футбол.
> По понедельникам и четвергам я изучаю русский язык и играю на пианино.
> По средам я делаю покупки, хотя это скучно.
> По вторникам я люблю собирать грибы в лесу.
> По пятницам я плаваю в бассейне и читаю книги, так как это интересно.

Answers:

MONDAY	THURSDAY
studies Russian; plays the piano	studies Russian; plays the piano
TUESDAY	**FRIDAY**
picks mushrooms in the forest	goes swimming and reads books
WEDNESDAY	**SATURDAY**
goes shopping	relaxes at home; plays the computer
	SUNDAY
	plays tennis or footballl

🖋 **Задание 3** and ✏ **Задание 4** provide further practice with days of the week and verb conjugation.

📖 **Задание 5**

(а) School no. 85 / in Moscow
(б) it's got everything *or* it's interesting to live in the capital
(в) she really likes pop music / and is always listening to it
(г) On Mondays / and Fridays
(д) He swims / on Wednesdays
(е) 'I don't do anything'
(ж) relaxes at home / reads the newspaper / watches sport on TV
(з) his hamster / mushrooms

✏ **Задание 6** is an extended writing task.

2.3 Спорт

📖 ✏ **Задание 1**

шахматы	chess	гольф	golf	сквош	squash
бадминтон	badminton	крикет	cricket	теннис	tennis
баскетбол	basketball	лакросс	lacrosse	футбол	football
бильярд	billiards / pool	нетбол	netball	хоккей	hockey
волейбол	volleyball	регби	rugby		

🖋 **Задание 2** is an opportunity for pupils to rehearse the играть в + accusative structure and adverbs.

✏ **Задание 3**

(а) Я хорошо играю в гольф.
(б) Мы отлично играем в волейбол.
(в) Мой брат неплохо играет в сквош.
(г) Они ужасно играют в баскетбол.
(д) Вадим хорошо играет в регби.

(е) Мария плохо играет в шахматы.
(ж) Вы отлично играете в нетбол.
(з) Ты неплохо играешь в лакросс.
(и) Я плохо играю в крикет.
(к) Мы с семьёй ужасно играем в бильярд.

✏ 📖 **Задание 4**

Борис не очень ¹**любит** спорт, но в школе он ²**играет** в хоккей по средам и ³**плавает** в бассейне по пятницам. По субботам он ⁴**отдыхает** дома и ⁵**смотрит** фильмы по телевизору. Он ⁶**говорит**: «Я ⁷**ненавижу** спорт, так как это скучно, но я ⁸**люблю** грибы. Я ⁹**собираю** грибы в лесу по четвергам».

У Бориса есть брат и сестра. Брата зовут Федя, а сестру зовут Лара. Федя и Лара ¹⁰**ненавидят** хоккей, но по воскресеньям очень ¹¹**любят** ¹²**смотреть** гольф по телевизору. Борис ¹³**говорит**, что это ужасно. Он

¹⁴**ненавидит** гольф. В свободное время Федя и Лара ¹⁵**играют** в шахматы и ¹⁶**слушают** музыку. Федя ¹⁷**любит** рок-музыку, а Лара ¹⁸**слушает** классическую музыку.

Борис, Федя и Лара ¹⁹**живут** на востоке России в Хабаровске. Они ²⁰**говорят**, что это очень хороший город.

(а) Boris doesn't really like sport. ✔
(б) He plays hockey on Tuesdays. ✘ (on Wednesdays)
(в) He watches films in the cinema. ✘ (on the TV)
(г) He picks mushrooms on Thursdays. ✔
(д) He thinks sport is difficult. ✘ (boring)

(е) He has a brother and sister who hate hockey. ✔
(ж) They are big fans of golf but Boris isn't. ✔
(з) Fedya likes listening to jazz. ✘ (rock)
(и) The three of them live in the south of Russia. ✘ (east)
(к) They like their city. ✔

🎧 **Задание 5**

Transcript:

(а) Меня зовут Таня, и мне 15 лет. Я занимаюсь спортом по субботам. Я отлично играю в футбол.

(б) Меня зовут Женя. Я, конечно, русский. Я не занимаюсь спортом, но по средам я очень люблю играть в шахматы в школе. Мой учитель говорит, что я хорошо играю.

(в) Привет! Меня зовут Рита. Я ненавижу спорт, но я люблю смотреть волейбол по телевизору. В школе я играю в баскетбол по пятницам. Я неплохо играю.

(г) Я – Филипп. Мы с друзьями занимаемся спортом по субботам и воскресеньям. Мы хорошо играем в теннис.

(д) Меня зовут Тамара. Я живу в Лондоне, хотя я русская. Я теперь практически англичанка, так как я очень люблю футбол. По пятницам я хожу на стадион, и мой тренер говорит, что я отлично играю.

(е) Меня зовут Юра. Я почти не занимаюсь спортом, но по вторникам я плаваю в бассейне. Я ужасно плаваю, к сожалению.

(ж) Здравствуйте! Меня зовут Марина. У меня есть сестра, которую зовут Нина. Она любит гольф. Какой кошмар! Я ненавижу гольф, но я люблю регби. Я играю в регби по субботам. Я хорошо играю, кажется.

(з) Меня зовут Артём. Я живу в Англии и играю в крикет в школе по понедельникам. Это отлично! Но, к сожалению, я плохо играю.

Answers:

	Name	Sport	How well	When
(а)	Таня	football	excellently	on Saturdays
(б)	Женя	chess	well	on Wednesdays
(в)	Рита	basketball	OK / not badly	on Fridays
(г)	Филипп	tennis	well	on Saturdays & Sundays
(д)	Тамара	football	excellently	on Fridays
(е)	Юра	swimming	terribly	on Tuesdays
(ж)	Марина	rugby	well	on Saturdays
(з)	Артём	cricket	badly	on Mondays

✏ **Задание 6**
(а) Таня играет в футбол по субботам. Она говорит, что она отлично играет.
(б) Женя играет в шахматы по вторникам. Он говорит, что он хорошо играет.

(в) Рита играет в баскетбол по пятницам. Она говорит, что она неплохо играет.

(г) Филипп играет в теннис по субботам и воскресеньям. Он говорит, что он хорошо играет.

(д) Тамара играет в футбол по пятницам. Она говорит, что эта отлично играет.

(е) Юра плавает (в бассейне) по вторникам. Он говорит, что он ужасно плавает.

(ж) Марина играет в регби по субботам. Она говорит, что она хорошо играет.

(з) Артём играет в крикет по понедельникам. Он говорит, что он плохо играет.

🗨 **Задание 7** is an opportunity for pupils to talk to the class about sport.

2.4 Музыка

📖 **Задание 1**

пианино: **ж**   флейта: **д**   гитара: **е**   скрипка: **к**   труба: **и**
балалайка: **а**   барабаны: **г**   кларнет: **в**   виолончель: **б**   тромбон: **з**

✍ **Задание 2**

(а) Это фильм о **спорте**.

(б) Он играет на **скрипке**.

(в) Я живу в **Шотландии**.

(г) Это книга о **музыке**.

(д) Они любят играть на **трубе**.

(е) Я люблю отдыхать на **площади**.

(ж) Мы живём в **центре**.

(з) Москва находится в **России**.

(и) Лутон находится в **Англии**.

(к) Мой брат в **школе**.

(л) Я играю на **барабанах**.

(м) На **двери** есть плакат.

(н) Ты живёшь на **юге**?

(о) В **здании** есть кафе.

(п) Ты играешь на **пианино**?

(р) Я люблю делать покупки в **универмаге**.

(с) Берлин находится в **Германии**.

(т) Кардифф находится в **Уэльсе**.

(у) Мой дядя играет на **флейте**.

(ф) Они играют на **смартфонах**.

🗨 **Задание 3** rehearses the structures met in this and previous chapters.

✍ **Задание 4** provides further reinforcement.

🎧 **Задание 5**

Transcript:

Меня зовут Виктория, и я русская. Мы с семьёй живём в центре Санкт-Петербурга. Я очень люблю жить в Санкт-Петербурге, потому что здесь есть всё – магазины, музеи, театры. Супер!

У меня есть брат, которого зовут Стас. Ему 18 лет, и он студент в университете. Он изучает математику. Я ненавижу математику, потому что это трудно. В свободное время он очень любит читать, особенно романы Толстого, но он ненавидит Достоевского. Стас отлично играет на барабанах, но мы не любим, когда он играет на барабанах дома. К сожалению, он очень часто играет.

В свободное время я тоже люблю музыку, особенно поп и рок. Я не люблю классическую музыку, так как это скучно. Я также занимаюсь спортом. Например, я часто играю в бадминтон и иногда плаваю в бассейне.

Мама и папа не занимаются спортом, но любят смотреть его по телевизору. Папа смотрит бокс по субботам, а мама любит смотреть футбол по воскресеньям. Кстати, мама очень хорошо играет на скрипке. Молодец!

Answers:

(а) in the centre of St Petersburg / she really likes it

(б) her brother / 18

(в) she hates it / because it's difficult

13

(г) Dostoevsky

(д) the drums / very often

(е) pop / rock

(ж) sometimes

(з) football / on Sundays

(и) the violin

📖 Задание 6

(а) Free Time

(б) the west

(в) leisure

(г) football shirts; tennis balls; wind instruments

(д) on Thursdays

(е) bus no 25

✏ Задание 7

Я люблю музыку. Я часто играю на скрипке и иногда играю на барабанах. Моя сестра ненавидит барабаны! Она очень любит заниматься спортом. Например, она играет в нетбол по средам и в футбол по субботам. Она очень хорошо играет в нетбол. Я ненавижу спорт, но я иногда смотрю его по телевизору. Кстати, моя сестра не любит музыку. Она ужасно играет на пианино!

2.5 Куда ты ходишь?

🎧 Задание 1

Transcript:

1.	Меня зовут Артур. Я очень люблю фильмы, поэтому в свободное время я хожу в кинотеатр.
2.	Меня зовут Юля. Я люблю спорт, поэтому в свободное время я часто хожу на стадион.
3.	Меня зовут Руслан. Я обожаю делать покупки, поэтому в свободное время я иногда хожу в магазин.
4.	Меня зовут Даша. Я люблю слушать музыку, поэтому я иногда хожу на концерт.
5.	Меня зовут Эдик. Моя сестра очень любит грибы, поэтому мы иногда ходим в лес.
6.	Меня зовут Катя. Я обожаю животных, поэтому я часто хожу в зоопарк в свободное время.
7.	Меня зовут Лев. В свободное время я люблю читать, поэтому я хожу в библиотеку по четвергам.
8.	Меня зовут Надя. Я очень люблю плавать, поэтому в свободное время я хожу в бассейн.

Answers:

а (Артур)   в (Катя)   з (Юля)   д (Надя)

г (Лев)   ж (Эдик)   б (Даша)   е (Руслан)

✏ Задание 2

(а) Я иногда **хожу** в **музей**.

(б) Мы **ходим** в **школу**.

(в) Они часто **ходят** на **концерт**.

(г) Ты редко **ходишь** в **бассейн**.

(д) Моя бабушка иногда **ходит** в **аптеку**.

(е) Мы с друзьями часто **ходим** на **стадион**.

(ж) Вы **ходите** на **почту** по субботам?

(з) Папа **ходит** на **работу** каждый день.

(и) Ты часто **ходишь** в **театр**?

(к) В свободное время я **хожу** на **дискотеку**.

📌 **Задание 3** requires pupils to make up sentences with ходить and various places in town. Pupils should be reminded to take great care over their choice of в and на.

✏️ **Задание 4** is an opportunity for pupils to consolidate what they have learnt about в and на.

📖 **Задание 5**

(1)	Я люблю фильмы,	(а)	поэтому я часто хожу в кинотеатр.
(2)	Мы с друзьями никогда	(б)	не ходим в музей.
(3)	Так как они любят музыку,	(в)	они иногда ходят на концерт.
(4)	Я люблю спорт, поэтому я	(г)	смотрю его по телевизору.
(5)	Мой брат играет на трубе по	(д)	вторникам, поэтому я хожу в лес.
(6)	В свободное время вы ходите	(е)	в ресторан?
(7)	Ты читаешь книги	(ж)	в библиотеке?
(8)	Я ненавижу спорт, поэтому я	(з)	никогда не хожу на стадион.
(9)	Моя сестра любит	(и)	ходить на дискотеку.
(10)	Мы с семьёй любим грибы,	(й)	поэтому мы часто ходим в лес.

📖 **Задание 6**

(а) golf / on Wednesdays / and Fridays

(б) balalaika / excellently

(в) Russian rap

(г) his wife hates it

(д) gadgets / and music

(е) sometimes

(ж) she thinks it's bad

(з) reading Harry Potter / and watching TV

(и) music school / she plays the cello7

✏️ **Задание 7** is an extended writing task.

PART 3: ШКОЛА И РАБОТА

Topics covered here include school subjects, school types, simple descriptions of teachers, work, and future plans. Grammar coverage includes adjectives, the (imperfective) future tense, and the instrumental case.

3.1 Предметы

✏️ 📖 **Задание 1**

1.	английская литература	English literature	13.	математика	maths
2.	английский язык	English language	14.	музыка	music
3.	биология	biology	15.	наука	science
4.	география	geography	16.	немецкий язык	German
5.	драма	drama	17.	религия	religious studies
6.	древнегреческий язык	ancient Greek	18.	рисование	art
7.	информатика	IT	19.	русский язык	Russian
8.	испанский язык	Spanish	20.	технология	technology
9.	история	history	21.	физика	physics
10.	итальянский язык	Italian	22.	физкультура	PE
11.	китайский язык	Chinese	23.	французский язык	French
12.	латынь	Latin	24.	химия	chemistry

📌 **Задание 2** is a simple survey-type exercise. Pupils should be encouraged to speak in full sentences, using the accusative as appropriate.

🎧 **Задание 3**

Transcript:

1. Я обожаю русский язык, потому что, по-моему, это очень важный предмет. Однако я ненавижу историю, так как это скучный предмет.
2. Мы с друзьями ненавидим математику, потому что мы думаем, что это слишком трудный предмет. Однако я думаю, что география очень интересная.
3. Я люблю изучать английскую литературу, так как я очень люблю читать, хотя я ненавижу физкультуру. Я думаю, что это ужасный предмет.
4. Химия – мой любимый предмет, но я не люблю французский язык, потому что у меня плохой учитель.
5. Я ненавижу рисование, так как это неважный предмет, хотя я просто обожаю музыку. Я играю на барабанах и на трубе.
6. В школе я люблю науку, потому что у меня отличный учитель, и я думаю, что это весёлый предмет. Однако я не люблю английский язык, потому что я русская, и я живу в России. Почему мы изучаем английский язык в школе?!
7. Я ненавижу физику, так как это скучный предмет, но я люблю физкультуру, потому что я хороший спортсмен.
8. Мой любимый предмет – информатика, но я ненавижу испанский язык, потому что, по-моему, это ужасный предмет.

Answers:

	Subject he / she likes	Subject he / she dislikes
1	Russian	history
2	geography	maths
3	English literature	PE
4	chemistry	French
5	music	art
6	science	English
7	PE	physics
8	IT	Spanish

📖 Задание 4

🪨 **Задание 5** further familiarises pupils with the rather sophisticated language used in задание 4.

📖 Задание 6

Masculine nominative adjectives: отличный, скучный, важный, серьёзный, весёлый, трудный, нетрудный, полезный

Feminine nominative adjectives: строгая, неприятная

An adjective not in the nominative case: домашнего (masculine genitive)

✏️ Задание 7

(а)	**интересный** предмет	=	an interesting subject
(б)	**шумные** барабаны	=	noisy drums
(в)	**красивое** пианино	=	beautiful piano
(г)	**новый** учитель	=	new teacher
(д)	**трудная** химия	=	difficult chemistry
(е)	**серьёзная** литература	=	serious literature
(ж)	**отличное** регби	=	excellent rugby
(з)	**скучное** задание	=	a boring exercise
(и)	**полезная** грамматика	=	useful grammar
(к)	**важная** физика	=	important physics
(л)	**весёлый** дядя	=	a fun / jolly uncle
(м)	**ужасная** виолончель	=	terrible cello
(н)	**нетрудный** язык	=	an easy ('not difficult') language
(о)	**Красная** площадь	=	Red Square
(п)	**старое** метро	=	old metro

🎧 Задание 8

Transcript:

Меня зовут Игорь. Я живу в Краснодаре, который находится на юге России. Я хожу в школу в центре. Я изучаю математику, русский язык, географию, информатику, историю, английский язык и науку. Я очень люблю математику, но я ненавижу географию, потому что это скучный предмет. Мы изучаем трудную химию и физику, поэтому я не люблю науку. В школе я играю в баскетбол по вторникам и на тромбоне по пятницам.

У меня есть сестра. Её зовут Ира. Она скучная! Она любит английское регби и часто смотрит его по телевизору. В школе она любит изучать немецкий язык.

Answers:

My name is Igor. I live in Krasnodar, which is situated in the **south** of Russia. I go to **school** in the centre. I study maths, **Russian**, geography, **IT**, history, English and science. I really like maths but I hate **geography** because it is a **boring** subject. We are studying difficult chemistry and **physics** so I don't like **science**. At school I play basketball on **Tuesdays** and the **trombone** on Fridays.

I have a **sister**. She is called Ira. She is **boring**! She loves English rugby and **often** watches it on the television. At school she loves studying **German**.

✏️ Задание 9

The best re-translations will get close to the transcript above. You will need to give pupils the feminine accusative of трудный or alternatively tell them to look in the grammar tables at the back of the book.

3.2 Моя школа

📖 Задание 1

(а)	я учусь в гимназии		(г)	государственная школа
(б)	престижная		(д)	для мальчиков и девочек
(в)	москвич		(е)	я предпочитаю

(ж)　в школе-интернате для мальчиков　　(и)　в частной школе

(з)　наполовину англичанка, наполовину　　(к)　известная
　　　русская

📖 Задание 2

(а)　Fedor　　　　　(г)　Fedor　　　　　(ж)　Vanya

(б)　Tamara　　　　(д)　Lara　　　　　(з)　Fedor

(в)　Tamara　　　　(е)　Tamara

✏ Задание 3

(а) Я учусь в гимназии для мальчиков.

(б) Я учусь в школе-интернате для девочек.

(в) Я учусь в частной школе в России.

(г) Моя школа находится в Лондоне. Это государственная школа для мальчиков и девочек.

(д) Моя школа известная, но я не люблю её.

🎧 Задание 4

Transcript:

1. Меня зовут Игорь. Я учусь в школе-интернате в Манчестере. Я очень люблю школу, хотя я предпочитаю спорт, конечно.
2. Меня зовут Маша. Я учусь в частной школе для мальчиков и девочек. Моя школа очень маленькая и находится в центре Москвы.
3. Я Володя. Моя школа – гимназия, которая находится во Владивостоке.
4. Меня зовут Наташа. Я учусь в государственной школе в Лондоне. К сожалению, у нас в школе нет мальчиков.　　　　　　　　　　　　　　　　　　*(continues on next page)*
5. Здравствуйте! Я Дима. Я очень люблю школу, потому что я обожаю учиться! Я учусь в государственной школе для мальчиков и девочек.

Answers:

	1. Igor	2. Masha	3. Volodya	4. Natasha	5. Dima
mixed state school					✔
boarding school	✔				
single-sex state school				✔	
mixed private school		✔			
grammar school			✔		
Location?	Manchester	centre of Moscow	Vladivostok	London	

✏ Задание 5

я	учусь	мы	учимся
ты	учишься	вы	учитесь
он / она	учится	они	учатся

✏ Задание 6

(а) Мы **изучаем** математику в школе.

(б) Я очень люблю **учиться**.

(в) Где ты **учишься**?

(г) Я никогда не **изучаю** историю в школе.

(д) Моя сестра **учится** в университете.

(е) Мой брат **изучает** французский язык в университете.

(ж) Что ты делаешь? Я **учусь**.

(з) По четвергам мы с друзьями **изучаем** физику.

(и) Что вы **изучаете** в школе?

(к) Таня, Ваня и Саня ненавидят **учиться**.

(л) Даша, Маша и Паша **учатся** в институте.

(м) Коля, Толя и Оля **изучают** информатику каждый день.

✒ Задание 7

This is a tricky exercise, which is why it is suggested that pupils work through it orally in pairs at first.

(а) Мы учимся в школе-интернате в Лондоне. Мы изучаем науку по средам.

(б) Таня учится в частной школе в Лутоне. Она изучает рисование по четвергам.

(в) Маша учится в красивом университете в Оксфорде. Она изучает географию каждый день.

(г) Они учатся в государственной школе в Краснодаре. Они изучают музыку по понедельникам.

(д) Саша учится в престижной гимназии в Новокузнецке. Он никогда не изучает драму.

(е) Вы учитесь в новой школе для девочек в Берлине. Вы часто изучаете латынь.

(ж) Ты учишься в старом университете в Уфе. Ты изучаешь химию каждый день.

(з) Я учусь в отличной школе в … . Я изучаю русский язык … .

✒ **Задание 8** is an extended writing piece on the topic of school.

3.3 Мой любимый учитель

📖 Задание 1

	Likes (✓) or dislikes (✗) the teacher	Subject	Reason
Arkady	✓	maths	teacher is fun
Nadia	✓	French	teacher is pleasant and explains well
Veronika	✗	PE	teacher is strict and serious
Zhenya	✓	chemistry	teacher has good discipline and never sets homework
Rita	✗	English language	teacher is bad; she doesn't understand anything

🎧 Задание 2

Transcript:

(а) Я очень люблю языки, особенно французский, так как у меня отличная учительница. Однако я не очень люблю технологию.

(б) Я люблю школу и практически все предметы, хотя я предпочитаю науку. Мой учитель строгий, но отличный.

(в) Я не люблю языки. Я думаю, что они скучные, и я не понимаю, почему мы изучаем их. Кроме того, у меня ужасный учитель. Он из Англии и почти не говорит по-русски!

(г) Я обожаю физкультуру, но я не очень люблю науку или математику. Тем не менее, математика интереснее в этом году, потому что мой учитель хороший.

(д) Я ненавижу спорт, так как мой учитель неприятный и строгий. Это плохо.

Answers:

(а) Nadia   (б) Zhenya   (в) Rita   (г) Arkady   (д) Veronika

📖 Задание 3

    (а) Моя сестра учится в частной школе для <u>девочек</u> (3).
    (б) Мой брат учится в центре <u>Москвы</u> (1).
    (в) Это книга *для* <u>тебя</u> (3).
    (г) У <u>меня</u> (3) нет <u>сестры</u> (4), но у <u>меня</u> (3) два <u>брата</u> (2).
    (д) Мой учитель <u>математики</u> (1) из <u>Москвы</u> (3).
    (е) Это фломастер <u>Ивана</u> (1).
    (ж) Это ручка <u>Кати</u> (1).
    (з) У <u>Бориса</u> (3), к сожалению, нет <u>смартфона</u> (4).
    (и) У <u>нас</u> (3) очень мало <u>времени</u> (2), поэтому мы никогда не играем в шахматы.
    (к) Красноярск находится в центре <u>Сибири</u> (1), недалеко от <u>Новосибирска</u> (3).
    (л) У <u>нас</u> (3) в школе два <u>бассейна</u> (2), три <u>библиотеки</u> (2) и четыре <u>учителя</u> (2) информатики.
    (м) Мы из <u>Англии</u> (3).
    (н) Моя гимназия находится далеко от <u>центра</u> (3) <u>города</u> (1).
    (о) Я часто делаю покупки для <u>бабушки</u> (3).
    (п) У <u>них</u> (3) нет <u>компьютера</u> (4).

✏️ Задание 4

    (а) Мой учитель **химии** строгий и неприятный.
    (б) Моя учительница **математики** очень весёлая.
    (в) Мой учитель **религии** слишком серьёзный.
    (г) Моя учительница **информатики** скучная.
    (д) Мой учитель **литературы** интересный и приятный.
    (е) Моя учительница **науки** очень красивая.
    (ж) Мой учитель русского **языка** просто супер!
    (з) Моя учительница **драмы** не очень организованная.
    (и) Мой учитель **истории** очень умный.
    (к) Моя учительница **технологии** немного глупая.
    (л) Мой учитель **физики** довольно спортивный.
    (м) Моя учительница **рисования** очень терпеливая.
    (н) Мой учитель **латыни** очень старый.
    (о) Моя учительница **музыки** довольно молодая.

🎧 Задание 5

Transcript:

Здравствуйте! Меня зовут Борис, и я из Санкт-Петербурга. Я учусь в государственной школе в центре города, но мой брат учится в школе-интернате в Англии. Он говорит, что в Англии хорошо, но я предпочитаю Россию. В школе мой любимый учитель – Жданов Иван Денисович. Он мой учитель биологии. Он очень хороший учитель, потому что у него дисциплина отличная, но он также весёлый и не слишком серьёзный. К сожалению, я не люблю мою учительницу немецкого языка, так как она строгая и плохо объясняет. Я ничего не понимаю! Мой брат говорит, что в Англии в школе очень много занимаются спортом и музыкой. Как хорошо! Он играет в гольф по понедельникам и средам и плавает почти каждый день. К сожаленнию, у меня в школе физкультура только по четвергам, и мой учитель, Тетёркин Владимир Владимирович, очень плохо играет в футбол. По-моему, он слишком старый.

Answers:

He is glad that he studies in Russia.
His favourite teacher teaches biology.
He dislikes his teacher of German.
He finds German difficult.
Boris only has PE once a week.

📖 ✏️ **Задание 6**

У него голубые глаза и **короткие прямые** волосы. Он очень **строгий**.	He has **blue** eyes and short straight hair. He is very **strict**.
У неё **длинные кудрявые** волосы и **карие** глаза. Она **весёлая**.	She has long **curly** hair and **brown** eyes. She is **fun / cheerful**.
Он очень **серьёзный**. Он **лысый**, и у него **зелёные** глаза.	He is very **serious**. He is bald and has **green** eyes.
Она **молодая** и носит очки. У неё **голубые** глаза и **длинные** волосы.	She is young and wears **glasses** . She has **blue** eyes and **long** hair.

🖋 **Задание 7** & ✏️ **Задание 8** provide further practice with describing teachers. Pupils should be encouraged to use exercises 4 & 6 for support.

✏️ **Задание 9** is an extended writing task. Pupils use a writing frame to produce a longer piece that incorporates the different aspects the school topic.

3.4 Работа

📖 **Задание 1**

1	банкир	**а**	а	banker	
2	журналист	**д**	б	diplomat	
3	учитель	**л**	в	doctor	
4	инженер	**г**	г	engineer	
5	программист	**и**	д	journalist	
6	дипломат	**б**	е	lawyer, barrister	
7	врач	**в**	ж	pilot	
8	адвокат	**е**	з	politician	
9	ветеринар	**м**	и	programmer	
10	пилот	**ж**	к	soldier	
11	солдат	**к**	л	teacher	
12	политик	**з**	м	vet	

🎧 **Задание 2**

Меня зовут Ира. Я хочу быть солдатом, потому что я думаю, что это интересная работа.
Меня зовут Рома. Я думаю, что я хочу работать инженером, потому что это высокооплачиваемая работа.
Меня зовут Надя. Я хочу быть ветеринаром, так как я люблю животных. У меня есть кот, собака, хомяк и попугай!
Я Сергей. Я хочу помогать людям, поэтому я буду работать врачом. По-моему, это очень важная работа.
Меня зовут Таня. Я хочу быть пилотом, так как я люблю путешествовать.
Меня зовут Дима. Я хочу работать банкиром, так как я хочу зарабатывать очень много денег.
Я Лера. Я хочу быть дипломатом, так как это очень престижная работа. Я хочу путешествовать и жить в Гонконге или Сингапуре.
Меня зовут Миша, и я хочу работать журналистом. Я просто обожаю газеты и журналы.

Answers:

	Tanya	Misha	Ira	Dima	Roma	Nadia	Sergei	Lera
banker				✓				
diplomat								✓
doctor							✓	
engineer					✓			
journalist		✓						
pilot	✓							
soldier			✓					
vet						✓		

✏ **Задание 3** requires pupils to write sentences using хотеть with the infinitives быть or работать and professions in the instrumental case, as per the example given.

📖 **Задание 4**

to travel	путешествовать	*a highly-paid job*	высокооплачиваемая работа
newspapers	газеты	*I love animals*	я люблю животных
magazines	журналы	*to help people*	помогать людям
to earn a lot of money	зарабатывать много денег		

(а) Tanya wants to be a teacher. ✗ (г) Nadia has a horse. ✗
(б) Misha likes sport. NM (д) Sergei is a caring person. ✓
(в) Dima and Roma are motivated by money. ✓ (е) Lera intends to live abroad. ✓

🎬 **Задание 5** rehearses the instrumental case after работать.

📖 **Задание 6**
The gaps should be filled in the following order: политиком, ветеринаром, учителем, дипломатом, журналисткой.

✏ **Задание 7**
(Infinitives other than those given below may sometimes be possible.)

(а) Я **буду** работать врачом.
(б) Они будут **работать** в Лондоне.
(в) **Мы** будем изучать русскую грамматику. Ура!
(г) Моя сестра **будет** изучать химию в университете.
(д) Мой учитель физики будет **играть** в гольф.
(е) Моя учительница французского языка **будет** играть в регби.
(ж) Во что ты **будешь** играть?
(з) **Вы** будете играть на барабанах?
(и) Я никогда не **буду** заниматься спортом.
(к) В субботу мы с друзьями будем **делать** покупки в Лутоне.
(л) Маша, Даша и Паша **будут** смотреть телевизор.
(м) Завтра **мы** будем слушать музыку.
(н) Они **будут** ходить в кинотеатр по средам.
(о) В субботу я буду **собирать** грибы в лесу.
(п) Мой учитель **будет** объяснять, почему это важно.
(р) Ты **будешь** учиться в университете?
(с) Да, я буду **изучать** русский язык, конечно.
(т) **Мы** с семьёй будем играть в «монополию».
(у) Вы будете **плавать** в бассейне?
(ф) Моя сестра не **будет** понимать.

✏ **Задание 8**
(а) Я буду играть в хоккей по воскресеньям.
(б) Ты будешь работать врачом в больнице.
(в) Мы будем видеть его каждый день.
(г) Вы будете читать книгу или газету?
(д) Он будет отдыхать дома.
(е) Они будут понимать русскую грамматику.

(ж) Она будет смотреть телевизор.

(з) В России мы будем собирать грибы каждый день.

🔊 🖋 **Задание 9** provides further consolidation of the future tense.

3.5 Планы на будущее

📖 🖋 **Задание 1**

Китай

Австралия

Россия

Франция

Польша

Великобритания

Испания

Канада

Германия

США

Япония

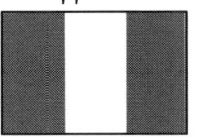
Италия

📖 🖋 **Задание 2**

(а) Я буду жить в **России** . Это очень большая и красивая страна. Я хочу жить там, потому что я хочу говорить по-русски каждый день! Будет здорово!

(б) В будущем я, наверное, буду жить в **Англии**. Я англичанка, и все мои родственники живут здесь.

(в) Я буду жить в **Италии**, потому что я просто обожаю пиццу и пасту.

(г) Я думаю, что я хочу жить в **США**. Я буду работать программистом, и там находятся все большие компьютерные фирмы.

(д) В школе я изучаю немецкий язык, и я хочу работать в бизнесе, поэтому я буду жить в **Германии**.

(е) Я обожаю китайскую культуру, поэтому я, наверное, буду жить в **Китае**.

(ж) Я знаю, что во **Франции** погода хорошая и кухня отличная, поэтому я буду жить там. Я хочу жить на юге, наверное в Ницце.

(з) Я очень хочу жить в **Австралии**. Я хочу заниматься сёрфингом и делать барбекю на пляже каждый день. Будет отлично!

📖 🖋 **Задание 3**

a country	страна	here	здесь
to speak Russian	говорить по-русски	there	там
great	здорово	culture	культура
in the future	в будущем	weather	погода
probably	наверное	surfing	сёрфинг
all my relatives	все мои родственники	beach	пляж

🔊 🖋 **Задание 4**

(а) Я буду работать программистом в Австралии. Будет супер.

(б) Никита будет работать адвокатом в Китае. Будет хорошо.

(в) Вера будет работать учительницей во Франции. Будет отлично.

(г) Артём будет работать банкиром в Москве. Будет очень выгодно.

(д) Ты будешь работать футболистом в Испании. Будет весело.

(е) Я буду работать политиком в США. Будет скучно.

(ж) Вероника будет работать журналисткой в Польше. Будет ужасно.

📖 **Задание 5**

(а) travel plans: **Fedya**

(б) getting a pet: **Vika**

(в) getting a car: **Lev**

(г) starting a family: **Olya**

(д) working as a journalist: **Vika**

(е) higher education: **Anya**

✒ **Задание 6**

(а) **Утром** я люблю читать газету.

(б) **Вечером** я предпочитаю смотреть новости.

(в) Мы с **семьёй** ходим в универсам по субботам.

(г) Я буду писать **карандашом**.

(д) Вадим просто обожает заниматься **сёрфингом**.

(е) В свободное время Лена занимается **музыкой**.

(ж) Мы часто делаем покупки в интернете **ночью**.

(з) Я буду говорить с **тётей** по телефону.

(и) **Зимой** мы будем жить в США.

(к) Мария, наверное, будет работать **пилотом**.

(л) Мы с **женой** любим читать книги.

(м) Она всегда играет **мячом**.

(н) Учитель математики хочет быть **банкиром**.

(о) **Осенью** мы играем в футбол.

(п) Он будет смотреть фильм с **Таней**.

📖 ✒ **Задание 7**

1. Меня
2. живу
3. папой
4. Ей
5. глупая
6. хочет
7. говорит
8. ужасную
9. Мне
10. хочу
11. громкая
12. буду
13. Санкт-Петербурге
14. адвокатом
15. будет
16. работу
17. зарабатывают
18. работает
19. быстрый
20. сестрой
21. институт
22. вечером
23. субботам
24. спортом
25. плаваю
26. саксофоне
27. магазине
28. Англии
29. красивом
30. города

📖 **Задание 8**

У Володи нет брата.

Его сестра не работает.

Володя хочет работать адвокатом.

У Володи много планов на будущее.

Володя говорит по-английски и по-русски.

🎧 **Задание 9**

Transcript:

М: Меня зовут Паша.

Ж: А меня зовут Маша.

М: Мы муж и жена. Мне 24 года.

Ж: А мне 23 года.

М: Мы живём в Волгограде. Я работаю программистом.

Ж: А я работаю учительницей. К сожалению, учителя в России очень плохо зарабатывают, поэтому я хочу стать адвокатом. Я буду изучать право в университете.

М: Я думаю, что это плохая идея. Я хочу новую машину, но у нас не будет денег.

Ж: Да, но когда мне будет 28 лет, у меня будет отличная работа.

М: Конечно, это правда. Но я хочу сына. Ты не будешь работать, когда тебе будет 28 лет!

Ж: У меня есть идея. У нас, наверное, будет дочь, и ты будешь дома, а я буду работать.

М: Да ты что! Это ужасная идея, по-моему.

Ж: Но у меня будет очень высокооплачиваемая работа, когда я буду работать адвокатом. А программисты не очень хорошо зарабатывают.

М: Но я отличный программист! Я буду отлично зарабатывать!

Ж: Не знаю, муж… Но где мы будем жить?

М: Я хочу жить в Австралии или в США или, может быть, в Японии.

Ж: В Японии? Я не хочу жить в Японии. А я не говорю по-английски, поэтому мне будет трудно работать в США или Австралии.

М: А я отлично говорю по-английски, поэтому ты будешь дома с сыном, и я буду работать.

Ж: Нет, нет! Я хочу жить в Барнауле. Там живёт моя бабушка.

М: В Барнауле? Нет! Тогда будем жить в Волгограде!

Answers:

(а) Pasha and Masha are in their **20s**

(б) Pasha is a **programmer**

(в) Pasha wants to buy a new **car**

(г) He also wants to have a **son**

(д) They squabble about **who will stay at home when they have children**

(е) Pasha suggests living in **Japan**

(ж) Masha is not keen on his other suggestions because **she doesn't speak the language**

(з) They settle on living in **Volgograd**

✐ **Задание 10** is an extended writing task on all that pupils have learned in part 3.

PART 4: Мой дом

This part covers houses and flats, rooms of the house, daily routine, household chores, and an introduction to food. Grammatically, there is lots of work on verbs: the past tense is introduced and there is an overview of verb conjugation in the present tense.

4.1 Дома и квартиры

📖 ✎ **Задание 1** familiarises pupils with the core vocabulary in this chapter.

✐ **Задание 2** is a consolidation activity. Pupils should be encouraged to vary their sentences from those in задание 1. An example of this would be: Мой брат живёт в квартире в пригороде, недалеко от бассейна.

🎧 **Задание 3**

Transcript:

Меня зовут Антон. Я живу в большом доме в пригороде. Да, мой дом очень большой! Он находится недалеко от бассейна, поэтому мы с друзьями часто плаваем.

Меня зовут Мария. К сожалению, мы с семьёй живём в маленькой квартире в центре города. Красная площадь находится недалеко от квартиры, поэтому иногда играет очень громкая музыка. Я хочу жить в доме в деревне.

Меня зовут Кирилл. Я тоже живу в квартире. Она очень комфортабельная, хотя она небольшая. Она находится в деревне, недалеко от магазина. Я думаю, что это отличная квартира.

Меня зовут Наташа. Летом мы с семьёй живём на даче. Я очень люблю жить на даче, потому что она находится в деревне, не в городе. Дача очень старая, но я люблю отдыхать здесь. Недалеко от дачи есть лес, где мы собираем грибы.

Меня зовут Никита. У нас новый дом в центре города. Это очень практично, потому что моя школа находится очень недалеко от дома. Здесь очень приятно.

Меня зовут Оксана. Мы с мужем живём в маленькой квартире в пригороде Красноярска. Я не люблю жить здесь, потому что недалеко находится очень большая фабрика. Фу! Я думаю, что в будущем мы будем жить в деревне.

Answers:

	House, flat or dacha?	Description? (1 adjective)	Where?	What's nearby?	Likes it? (✓ / ✗)
Антон	house	big	suburbs	swimming pool	✓
Мария	flat	small	town centre	Red Square	✗
Кирилл	flat	comfortable / small	village	shop	✓
Наташа	dacha	old	village	forest	✓
Никита	house	new	town centre	school	✓
Оксана	flat	small	suburbs	factory	✗

🐾 **Задание 4** requires pupils to consider adjectival agreements in addition to further rehearsing the new vocabulary. The adjectives can be used in the prepositional case or the nominative case, depending on how the sentences are structured. For example, pupils could say:

Я живу в квартире в центре города не далеко от площади. Я не люблю квартиру, потому что она маленькая.

or

Я живу в маленькой квартире *etc.*

This activity could be adapted in several ways. Pupils could prepare some answers in rough, for instance, and be encouraged to include superfluous information so that it is harder for their partners to work out which person they have chosen.

✏ **Задание 5**

(а) плакаты
(б) книги
(в) окна
(г) мальчики
(д) спальни
(е) компьютеры
(ж) дома
(з) газеты
(и) друзья

(к) пианино
(л) сады
(м) девушки
(н) здания
(о) ручки
(п) письма
(р) батареи
(с) радио
(т) телевизоры

(у) семьи
(ф) достопримечательности
(х) ученики
(ц) учителя
(ч) автобусы
(ш) музеи
(щ) люди
(ы) братья
(э) англичане

📖 **Задание 6**
(а) brick / or stone ones
(б) in flats / in the centre

(в) everything is nearby
(г) a village
(д) young people there are noisy / houses are expensive
(е) flats / it's cold in a house in winter

(ж) wooden ones
(з) relax / pick mushrooms / swim in the river / read in the garden (any 2)
(и) a village / in Siberia
(к) they're very stupied

📖 Задание 7

(Nouns and adjectives are given here in the nominative form.)

(а) многие англичане
(б) кирпичный
(в) каменный
(г) кроме того

(д) дорогой
(е) холодно
(ж) пенсионер
(з) деревянный

(и) можно
(к) в саду
(л) Сибирь

✏️ Задание 8

(а) Я **жил(а)** в США.
(б) Мы **жили** в России.
(в) У нас **был** дом.
(г) Она **играла** в хоккей по субботам.
(д) Мой брат **работал** врачом.

(е) Они **изучали** русский язык.
(ж) Я **ненавидел** гольф.
(з) Мы **смотрели** телевизор.
(и) У меня **был** новый фломастер.
(к) Дедушка **делал** покупки.

🎧 Задание 9

Transcript:

Меня зовут Данила, и я живу в Магадане, на востоке России. Мне 45 лет, и у меня есть жена, сын и дочь. Моя дочь раньше училась во Владивостоке, но теперь она живёт в Москве и учится там. Она говорит, что в будущем она будет жить в Москве, но я не хочу там жить. Я люблю жить здесь.

У нас довольно большая квартира в пригороде Магадана. Она находится недалеко от магазина и парка. Я работаю учителем в школе, но раньше я работал адвокатом. Это была очень скучная работа! Я предпочитаю быть учителем, но в будущем я, наверное, снова буду работать адвокатом, потому что я хочу новый дом в центре. Дома в центре очень дорогие.

Моя жена работала журналистом, но сейчас она не работает. Очень трудно работать журналистом в России. Она говорит, что она будет работать в магазине, но зарплата очень маленькая. Может быть, она тоже будет учиться? Она любит помогать людям, но она не хочет быть врачом.

Answers:

His daughter used to study in Vladivostok.
He did not enjoy his previous profession.
In the future he intends to be a lawyer.
Danila's wife used to be a journalist.
She may get a job in a shop.

✏️ Задание 10

(Раньше) я жил(а) в квартире в Москве, но теперь мы с семьёй живём в доме в Лондоне. Это большой старый кирпичный дом в пригороде. В будущем я думаю, что я буду жить в квартире на юге Китая. Я хочу быть журналистом (журналисткой), и я обожаю китайскую кухню и культуру. Где ты будешь (вы будете) жить в будущем? Почему?

4.2 Комнаты

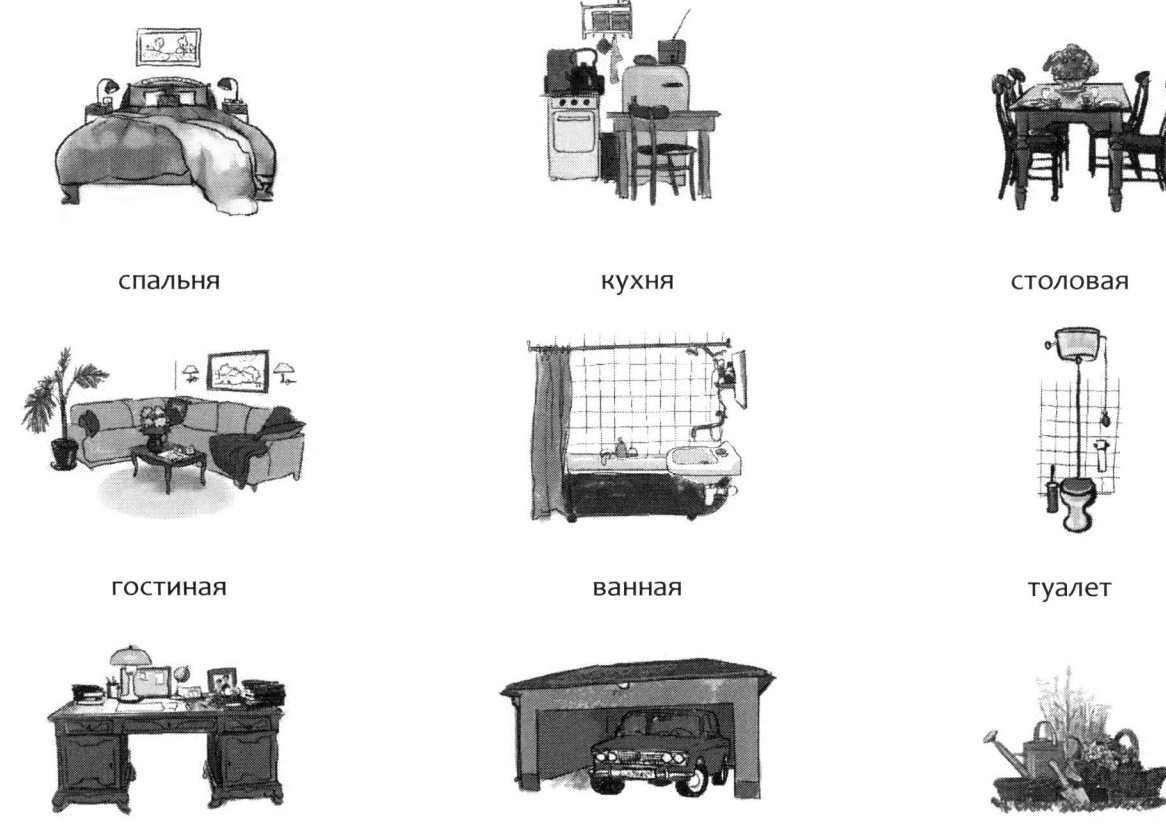

спальня	кухня	столовая
гостиная	ванная	туалет
кабинет	гараж	сад

📖 **Задание 2**

1 Я делаю домашнее задание в **кабинете.** (д)
2 Вечером я читаю **книги в спальне.** (е)
3 Мы **готовим обед на кухне.** (в)
4 Каждый **день мы обедаем в столовой.** (б)
5 В ванной у нас есть **душ и ванна.** (г)
6 Дома у нас два **туалета.** (и)
7 Мой брат часто смотрит **телевизор в гостиной.** (ж)
8 Мой **новый велосипед в гараже.** (ж)
9 Мы с семьёй играем **в бадминтон в саду.** (а)

🎧 **Задание 3**

Transcript:

> Я Степан. Я живу в маленькой квартире в Москве. У меня в квартире есть кухня, ванная и спальня.
> Меня зовут Лариса. Мы с семьёй живём в большом доме на юге Беларуси. У нас в доме пять спален и очень большой гараж. Моя любимая комната – гостиная, где у нас домашний кинотеатр.
> Меня зовут Саша. Я, конечно, русский, но я живу в Германии с женой. У нас есть красивая дача недалеко от Санкт-Петербурга, где мы отдыхаем летом. Там у нас две спальни. К сожалению, туалет на улице.
> Я Олеся. У нас хорошая квартира в пригороде. У нас гостиная, столовая и две спальни.
> Меня зовут Андрей. Я работаю банкиром в Лондоне, и отлично зарабатываю. У меня хороший дом в центре города. У меня три спальни и две ванные. Вечером я часто работаю в кабинете.
> Меня зовут Соня. У нас маленькая квартира в престижном районе Новосибирска. В квартире у нас, конечно, кухня, ванная и туалет, и одна спальня.

Answers:

	Степан	Лариса	Саша	Олеся	Андрей	Соня
кухня	✔					✔
ванная	✔				✔ (2)	✔
туалет			✔			✔
гостиная		✔		✔		
столовая				✔		
гараж		✔				
сад						
кабинет					✔	
сколько спален?	1	5	2	2	3	1

📖 Задание 4

(а) 6   (в) 4   (д) 1
(б) 5   (г) 3   (е) 2

🔊 ✏ Задание 5

(а) одна спальня   (д) тринадцать окон   (и) одна квартира
(б) две ванные   (е) два кабинета   (к) три спальни
(в) три дома   (ж) четыре туалета
(г) пять спален   (з) двадцать две гостиные

📖 ✏ Задание 6

(а) В **моём** городе все дома очень **красивые**.
(б) Я живу в **кирпичном** доме на севере Англии.
(в) В **нашей** гостиной очень **большой** телевизор.
(г) Мы хотим читать о **твоей** семье.
(д) У нас **новая** квартира. Она очень **просторная** и **современная**.
(е) **Моя** сестра будет жить в **старом** доме в пригороде Иркутска.
(ж) Я люблю компьютер в **твоей** спальне.
(з) Сколько спален в **вашем** доме? **Ваша** кухня **большая**?
(и) В **современных английских** домах комнаты очень **маленькие**.
(к) На **нашей новой** даче, к сожалению, нет интернета.

🎧 Задание 7

Transcript:

Меня зовут Нина Фёдоровна Тихомирова. Мне 76 лет, и я живу в маленькой квартире в пригороде Самары. Когда я была молодая, у меня был муж, Константин Александрович. Мы жили в деревянном доме в центре города. У нас был хороший сад и большой гараж, хотя у нас не было автомобиля. У нас была только одна спальня, где спали наш сын, Аркадий, и наша дочь, Надя. Мы с мужем спали в гостиной. Он очень любил слушать радио, поэтому я не очень хорошо спала. У нас туалет был на улице, но кухня в доме была просторная, и я любила там готовить.

Конечно, я предпочитаю мою маленькую квартиру в пригороде, потому что она современная. У меня одна спальня, гостиная и кухня. Отлично!

Answers:

(а) Нина старая.   (з) В доме не было туалета.
(г) С мужем она жила в доме в центре.   (и) Нина предпочитает жить в квартире.
(е) Нина и Константин спали в гостиной.

✒ **Задание 8** is an extended writing task that requires pupils to use past, present and future tenses.

4.3 Типичный день

📖 ✒ **Задание 1**
Suggested order:

(а) я просыпаюсь	(ж) я отправляюсь в школу / на работу
(б) я встаю	(з) я обедаю
(в) я умываюсь	(и) я возвращаюсь домой
(г) я одеваюсь	(к) я ужинаю
(д) я завтракаю	(л) я переодеваюсь в пижаму
(е) я чищу зубы	(м) я ложусь спать

🗣 📖 **Задание 2**

(а) Kolya	(г) Anya	(ж) Volodya
(б) Anya	(д) Kolya	(з) Volodya
(в) Kolya	(е) Tanya	

🎧 **Задание 3**
Transcript:

(а) Обычно я просыпаюсь в 7.30, но встаю только в 7.40. Я отправляюсь на работу в 9 утра, и возвращаюсь домой в 1.15. Я обедаю в столовой в 1.30. Вечером я ужинаю в 7.30.

(б) Я встаю в 6 утра. Я обожаю утро, особенно летом. В 8 часов я чищу зубы и в 8.10 я отправляюсь на работу. Я возвращаюсь домой в 7.30, и вечером играю на компьютере. В 10.50 я переодеваюсь в пижаму, и играю на ноутбуке в постели. Я ложусь спать в 1.30.

(в) Я просыпаюсь в 6.20 и в 7 часов отправляюсь в школу, которая находится далеко от дома. В 12.25 я обедаю в столовой в школе. Каждый день я занимаюсь спортом в 2 часа дня, и я возвращаюсь домой в 4.30. Мы с семьёй ужинаем на кухне в 17.40.

Answers:

(а) 07.40: gets up	13.15: returns home	19.30: has supper
(б) 08.00: brushes teeth	22.50: changes into pyjamas	01.30: goes to bed
(в) 06.20: wakes up	12.25: has lunch	17.40: has supper

🗣 **Задание 4** presents an opportunity for pupils to practise saying the daily routine verbs along with times of the day, using the simple method on page 82.

✒ **Задание 5**
(а) Наша квартира находится на (seventh) **седьмом** этаже.
(б) Это наш (third) **третий** день здесь.
(в) Это моя (first) **первая** книга о России.
(г) Это его (sixth) **шестая** сигарета!
(д) Я не любила музыку, когда была в (fourth) **четвёртом** классе.
(е) (First) **Первое** задание было очень лёгкое.
(ж) Во (second) **втором** задании я не всё понимал.
(з) Где ваша (fifth) **пятая** спальня?
(и) Ура! Россия на (first) **первом** месте!
(к) Это моё (fourth) **четвёртое** утро здесь.

📖 **Задание 6** rehearses the harder method of telling the time. This could be left until later in the course; it is not essential at this stage but is included for completion's sake.

The correct times are:

(а) 11.05   (д) 2.45   (и) 2.20
(б) 12.30   (е) 7.25   (к) 1.30
(в) 5.50   (ж) 12.30
(г) 11.00   (з) 4.55

🎧 Задание 7
Transcript:

> (а) Каждый день я просыпаюсь в пять минут седьмого.
> (б) Моя мама отправляется на работу в полвосьмого.
> (в) Мы с семьёй обычно ужинаем в двадцать минут десятого.
> (г) Я зозвращаюсь домой в пятнадцать минут четвёртого.
> (д) Я обычно умываюсь без пяти восемь.

Answers:

(а) 06.05   (в) 21.20   (д) 07.55
(б) 07.30   (г) 15.15

Задание 8
(а) a modern flat / on the ninth (eighth if using the British way of counting!) floor / in the centre of Moscow
(б) made of bricks / very big
(в) he lives there in the winter as well as the summer
(г) green eyes / short straight hair / wears glasses
(д) he has a serious job / and talks to journalists on serious topics
(е) 1am / thinks sleeping is boring
(ж) fast / interesting sport
(з) played cricket when he studied in Oxford / 20 years ago
(и) when he's old
(к) wanted to help people / and it's quite a well-paid job
(л) banker
(м) has a wash / and changes into pyjamas
(н) Harry Pottesr / in English

🖋 Задание 9 is an extended writing task.

4.4 Кто что делает дома?

🖋 Задание 1
(а) в доме   (д) дом   (и) В доме
(б) домой   (е) дома   (к) дом
(в) дома   (ж) дома
(г) дома   (з) домой

📖 Задание 2

выгуливать собаку **г**	накрывать на стол **и**	работать в саду **в**
гладить бельё **б**	прибираться в спальне **д**	стирать одежду **з**
мыть посуду **а**	пылесосить **е**	убирать со стола **ж**

📖 Задание 3
The gaps should be filled in the following order:
семьёй, просторном, жить, только, утра, нас, учится, играют, говорят, домой, спальню, слишком

(а) false: в просторном доме

(б) true

(в) false: он не работает / он ничего не делает

(г) true

(д) false: он учится со Светланой

(е) true

(ж) true

(з) false: Светлана выгуливает собаку

I

	делать	рисовать: *to draw*	вставать
я	дел**аю**	рис**ую**	вст**аю**
ты	дел**аешь**	рис**уешь**	вст**аёшь**
он / она	дел**ает**	рис**ует**	вст**аёт**
мы	дел**аем**	рис**уем**	вст**аём**
вы	дел**аете**	рис**уете**	вст**аёте**
они	дел**ают**	рис**уют**	вст**ают**

I^U

	жить	писать	мыть: *to wash*
я	жив**у**	пиш**у**	мо**ю**
ты	жив**ёшь**	пиш**ешь**	мо**ешь**
он / она	жив**ёт**	пиш**ет**	мо**ет**
мы	жив**ёт**	пиш**ем**	мо**ем**
вы	жив**ёте**	пиш**ете**	мо**ете**
они	жив**ут**	пиш**ут**	мо**ют**

II

	говорить	готовить	сидеть: *to sit*
я	говор**ю**	готов**лю**	сиж**у**
ты	говор**ишь**	готов**ишь**	сид**ишь**
он / она	говор**ит**	готов**ит**	сид**ит**
мы	говор**им**	готов**им**	сид**им**
вы	говор**ите**	готов**ите**	сид**ите**
они	говор**ят**	готов**ят**	сид**ят**

✏ **Задание 5** and 🗣 **Задание 6** provide more practice with verb conjugation and the new household chores verbs.

> Ира **живёт** и **работает** в Лондоне, хотя она русская. Она **обожает** жить в Лондоне, потому что она **любит** ходить в музеи, которые находятся в центре. Она **говорит**: «Многие люди не **ходят** в музеи, а **предпочитают** сидеть дома в субботу и воскресенье. Но я **ненавижу** мою квартиру, потому что она маленькая, поэтому я **хожу** в музей. Вечером мы с сестрой часто **смотрим** фильм в кинотеатре или просто **отдыхаем** в кафе. А что ты **делаешь** в субботу и воскресенье? Ты **сидишь** дома или **ходишь** в музей?»

Answers are in bold in the transcript.

🖉 Задание 8

(а) – Ты <u>можешь</u> / умеешь играть в футбол?
  - *Can you play football?*
  – Нет. У меня много домашнего задания.
  - *No. I've got a lot of homework.*

(б) Борис не может / <u>умеет</u> готовить, так как его жена всегда готовит для него.
  Boris can't cook because his wife always cooks for him.

(в) Я не <u>могу</u> / умею играть на скрипке, потому что она дома.
  I can't play the violin because it's at home.

(г) – Вы можете / <u>умеете</u> писать по-русски?
  Can you write in Russian?
  – Конечно! Я изучала русский язык в школе.
  Of course! I studied Russian at school.

(д) Я не <u>могу</u> / умею путешествовать, потому что у меня нет паспорта.
  I can't travel because I haven't got a passport.

(е) Они не <u>могут</u> / <u>умеют</u> плавать, так как в их городе нет бассейна. (Either possible.)
  They can't swim because there isn't a pool in their town.

(ж) Она не <u>может</u> / умеет пылесосить, потому что пылесос не работает.
  She can't vacuum because the vacuum cleaner isn't working.

(з) Мы не <u>можем</u> / умеем спать, потому что вы очень шумные.
  We can't sleep because you're very noisy.

(и) – Ты можешь / <u>умеешь</u> рисовать?
  Can you draw?
  – Нет. В школе я никогда не ходил на уроки рисования.
  No. At school I never went to art lessons.

(к) – Тарас может / <u>умеет</u> играть на кларнете?
  Can Taras play the clarinet?
  – Да, он отличный музыкант.
  Yes. He's an excellent musician.

> Конечно, никто не любит делать домашнюю работу. Молодые предпочитают сидеть в спальне и играть на компьютере, а старые любят смотреть телевизор. Дома *все* любят отдыхать – не работать! Марине 26 лет. Она работает адвокатом в центре Москвы. У неё квартира далеко от центра, и она только возвращается домой в 10 часов вечера, поэтому она часто ходит в ресторан или кафе, потому что это быстро и приятно. Она говорит, что она много работает в офисе и не хочет возвращаться домой и работать дома. Однако её отец думает, что она просто не умеет готовить. Её брат – студент. «Меня зовут Игорь. Я изучаю химию в университете. Мы с друзьями никогда не прибираемся в спальнях, потому что это скучно. Вечером я предпочитаю слушать музыку или играть в шахматы, а не мыть посуду или пылесосить». Мы понимаем тебя, Игорь!

Answers:
(а) According to the report, housework is unpopular with everybody

(б) Marina is a lawyer

(в) The advantage of eating out is it's quick and pleasant

(г) Her dad thinks she is a terrible cook

(д) Like his friends, Igor dislikes tidying his room

(е) After supper he usually plays chess

🗣 Задание 10 is an oral presentation on daily routine and household chores.

4.5 Мой дом

🎧 Задание 1
Transcript:

> (а) Меня зовут Рита. На ужин я буду есть рис. Я обожаю рис.
> (б) Меня зовут Гриша. Сегодня я не буду ужинать. У меня был очень трудный день, поэтому я буду пить водку. Я знаю, что это плохо, но я хочу.
> (в) Я Юлия. Обычно я ем пиццу, но сегодня я буду есть гамбургер в ресторане в городе.
> (г) Меня зовут Слава. Сегодня моя мама готовит борщ. Это мой любимый суп. На ужин я буду есть его. Очень вкусно!
> (д) Меня зовут Олеся, и я москвичка. Я на диете, поэтому я буду есть фрукты на ужин.
> (е) Я Михаил. Сегодня на ужин я буду есть бутерброды. По-моему, это быстро, недорого и очень вкусно.
> (ж) Я Ирина. Мы с мужем будем есть пиццу на ужин. У нас отличный итальянский ресторан в городе.
> (з) Меня зовут Кирилл. На ужин у меня будут макароны. Мы с семьёй очень любим есть макароны на ужин.

Answers:

(а)	Рита	7		(д)	Олеся	6
(б)	Гриша	8		(е)	Михаил	4
(в)	Юлия	5		(ж)	Ирина	1
(г)	Слава	2		(з)	Кирилл	3

✏️ Задание 2
(а) Мы с семьёй **едим** борщ на ужин по воскресеньям. Потом мы **пьём** чай.
(б) Моя сестра **пьёт** кофе на завтрак.
(в) Ты **ешь** пиццу или гамбургер?
(г) Я предпочитаю **пить** лимонад.
(д) Вчера я был в ресторане, где я **ел(а)** бефстроганов и **пил(а)** вино.
(е) Почему вы **едите** бутерброды на обед каждый день?
(ж) Мои друзья иногда **пьют** водку. Это, конечно, плохо.
(з) К сожалению, я не **ем** рис, так как у меня аллергия.
(и) Завтра мы с друзьями будем ужинать в ресторане. Я, наверное, **буду есть** борщ и **(буду) пить** колу.
(к) По субботам у нас всегда большой завтрак. Мы **едим** блины и **пьём** чай.
(л) Почему ты никогда не **ешь** фрукты и овощи?

📖 **Задание 3**

(а)	блины **8**	1. fish		(к)	рыба **1**	10 sour cream
(б)	говядина **15**	2. potato		(л)	салат **6**	11 cake
(в)	икра **9**	3. chips		(м)	свинина **16**	12 ice cream
(г)	картофель-фри **3**	4. dumplings		(н)	сметана **10**	13 cabbage soup
(д)	картошка **2**	5. meat soup		(о)	солянка **5**	14 chicken
(е)	курица **14**	6. salad		(п)	торт **11**	15 beef
(ж)	мороженое **12**	7. vegetables		(р)	хлеб **18**	16 pork
(з)	овощи **7**	8. pancakes		(с)	шашлык **17**	17 kebab
(и)	пельмени **4**	9. caviar		(т)	щи **13**	18 bread

✏️ **Задание 4**

Suggested answers:

(а) мороженое

(б) рыба

(в) шашлык

(г) блины / икра

(д) сметана

(е) торт

(ж) щи

(з) хлеб

(и) курица

(к) картофель-фри

✏️ 📖 **Задание 5**

(а) Я буду есть блины с **икрой**.
   I'll eat pancakes (bliny) with caviar

(б) Мы не любим есть пельмени с **хлебом**.
   We don't like eating dumplings with bread.

(в) Паша просто обожает курицу с **рисом**.
   Pasha just adores chicken with rice.

(г) Однако я предпочитаю курицу с **картошкой**.
   However, I prefer chicken with potatoes.

(д) Наташа говорит, что она только пьёт водку с **тортом**.
   Natasha says that she only drinks vodka with cake.

(е) По субботам моя тётя всегда ест салат со **сметаной**.
   On Saturdays my aunt always eats salad with sour cream.

(ж) Вы любите бутерброды с **рыбой**?
   Do you like sandwiches with fish? (fish sandwiches)

(з) Летом мои друзья любят есть шашлык с **салатом**.
   In the summer my friends like eating kebab with salad.

🎧 **Задание 6**

Transcript:

Макроналдс - новый ресторан в Красноярске! Мы находимся в центре на проспекте Мира. У нас отличные цены. Например, мороженое стоит всего 100 рублей, а лимонад 60 рублей. Если вы хотите есть, то у нас очень вкусные гамбургеры за 275 рублей и порция картофеля-фри стоит 150 рублей. У нас также большая итальянская пицца за 515 рублей. Кстати, две пиццы – всего 1000 рублей. А если вы предпочитаете русскую кухню, то в Макроналдсе, конечно, есть сибирские пельмени за 330 рублей. Приходите к нам в Макроналдс!

Answers:

гамбургер	**275** руб.
пицца	**515** руб.
картофель-фри	**150** руб.
пельмени	**330** руб.
мороженое	**100** руб.
лимонад	**60** руб.

🎧 **Задание 7**

Transcript:

> Вы знаете, что в Красноярске есть новый ресторан в американском стиле? Макроналдс – отличный фастфуд для всей семьи. У нас есть вкусные блины за 75 рублей и украинский борщ за 200 рублей. За 210 рублей можете есть отличный шоколадный торт. Бутерброд с икрой стоит 290 рублей, или за 420 рублей, пожалуйста, очень хороший шашлык из свинины. Если вы на диете, у нас есть салат за 150 рублей. Приходите в Макроналдс!

Answers:

pancake	**75** roubles
(chocolate) cake	210 roubles
salad	**150** roubles
borsch	**200** roubles
sandwich	**290** roubles
(pork) kebab	420 roubles

📖 **Задание 8**

(а) What is unusual about Olga Voronkova?
> She has participated in the Olympics in different sports

(б) Where does she play football?
> in the living room

(в) How often does she watch matches at the stadium?
> occasionally

(г) What doesn't she eat and why?
> cake because diet is important to her

(д) Describe Olga's diet.
> fruit, veg and carbohydrates

(е) What does Olga do straight after her morning swim?
> has breakfast, tidies up and takes the dog out

(ж) How much does Olga earn?
> not very much

(з) Why is Olga fortunate?
> she has a sponsor

✏ **Задание 9** is an extended writing task that revisits the topics covered in part 4.

PART 5: УРА! КАНИКУЛЫ

This part deals with the topic of holidays in some depth. Pupils use the verbs ездить (in the past and present) and поехать (in the future) to talk about where they go on holiday. They learn to talk about weather, transport, accommodation options and holiday activities. There is a full introduction to the verb нравиться.

5.1 Куда ты обычно ездишь?

📖 ✏ **Задание 1**

This rather eclectic mix of countries includes some that border Russia and others that are popular holiday destinations that have not been introduced previously.

	Киев,		Анкара,
	Украина		**Турция**
	Таллинн,		Афины,
	Эстония		**Греция**

 Хельсинки,

Финляндия

 Лиссабон,

Португалия

Астана,

Казахстан

Минск,

Беларусь

✏️ **Задание 2**

(а) Я обычно **езжу** в **Казахстан**. [pres]
(б) В прошлом году мы с семьёй **ездили** в **Португалию**. [past]
(в) Куда вы любите **ездить** на каникулы?
(г) Моя сестра будет работать дипломатом. Она **будет ездить** в **Беларусь** и **Украину** каждый год.
(д) Они часто **ездит** в **Грецию** (Греция). [pres]
(е) В марте мои друзья **ездили** в **Финляндию**. [past]
(ж) В будущем я думаю, что я **поеду** в **Эстонию**, потому что у меня есть новый друг, который живёт в Таллинне.

📖 **Задание 3**

	ТатьянаТ	Оляля	Пётр_Велики й	Испанец	Крымнаш	Nobody
I don't think much of the previous person's holidays.				x		
I have family in a western European country.						x
I prefer to go somewhere very different from Russia.				x		
I usually go to my uncle's house in the country.			x			
My grandmother lives in Kazakhstan.	x					
The locals don't really like Russians.		x				
There is no need to go abroad for a good holiday.					x	
We usually go to a different part of the same country.					x	
We normally go somewhere in Europe.		x				

📖 **Задание 4**

(а) привет всем
(б) скажите, пожалуйста
(в) звучит супер
(г) в прошлом году
(д) финны

(е) мне очень нравится отдыхать там
(ж) мы живём в самой большой и красивой стране на планете
(з) много разных народов

✏️ **Задание 5**

(а) На каникулы мы с семьёй обычно ездим в Грецию, потому что наши друзья живут там.
(б) Мама и папа обычно ездят в (на) Украину, потому что моя сестра живёт там.
(в) Владимир Владимирович обычно ездит в Беларусь, потому что его хороший друг живёт там.
(г) Даша и Паша обычно ездят в Эстонию, потому что Маша и Саша живут там.
(д) Мы обычно ездим в Турцию, потому что вы живёте там.
(е) Я обычно езжу в Португалию, потому что мои родственники живут там.

🐟 ✏ Задание 6

(а) мне не нравятся макароны
(б) мне нравится волейбол
(в) нам нравятся каникулы
(г) вам нравится Россия
(д) ему не нравится твой попугай
(е) мне нравится изучать русский язык
(ж) ей не нравится изучать математику

(з) тебе не нравится физкультура
(и) им нравится пицца
(к) мне нравятся люди в России
(л) тебе не нравится водка
(м) нам с друзьями нравится Финляндия
(н) мне нравится она (мне она нравится)
(о) ей не нравлюсь я (я ей не нравлюсь)

🐟 ✏ Задание 7

(а) Мне не нравится мыть посуду.
(б) Нам нравится хоккей.
(в) Ей нравятся дома в Лондоне.
(г) Тебе не нравятся книги?

(д) Вам нравится пицца?
(е) Им не нравятся блины.
(ж) Ему нравится работать.
(з) Мне нравишься ты. (Ты мне нравишься)

🎧 Задание 8

Transcript:

Федя: Привет, Ира! Как дела?

Ира: Привет, Федя! У меня всё хорошо, а у тебя?

Ф: Да, тоже хорошо, спасибо. Давно тебя не видел. Где ты была?

И: Мы с папой ездили в Одессу на три недели. Там живёт моя бабушка. У неё квартира недалеко от пляжа, поэтому каждый день ходили туда.

Ф: Звучит супер! А я никуда не ездил, к сожалению.

И: Может быть, звучит супер, но, честно говоря, было скучно, потому что у меня там нет друзей. Всё время с папой и бабушкой, знаешь, не так интересно!

Ф: Я тебя понимаю, Ира! Но мне тоже было скучно здесь, потому что все друзья отдыхают – Паша в Минске, как обычно, Денис в Москве, Андрей в Турции...

И: А почему ты здесь, Федя?

Ф: В прошлом году мы ездили в Грецию, и было очень дорого, поэтому в этом году отдыхаем дома.

И: Чем ты занимаешься?

Ф: Играю в компьютерные игры, иногда с мамой ездим в лес, чтобы собирать грибы. Мне нравятся грибы в этом году – они очень большие и вкусные.

И: Да, я слышала...

Ф: А что ты будешь делать в пятницу? Может быть, мы будем собирать грибы вместе?

И: К сожалению, я не могу. Я буду делать домашнее задание. Ну, пока!

Answers:

Ira went to Odessa for three weeks.
Fedya didn't go anywhere this year.
Ira's holiday wasn't as interesting as it sounds.
Fedya went to Greece last year.
He says the mushrooms this year are very good.

🐟 Задание 9 is a paired speaking activity to consolidate the material covered in 5.1

5.2 Какая там погода?

📖 ✏ Задание 1

холсдно   тепло   жарко   туманно

светит солнце   идёт дождь   идёт снег   дует ветер

🎧 **Задание 2**

Transcript:

> **Прогноз погоды**
>
> Сегодня в европейской части России хорошая погода. На северо-западе, то есть в Москве и Санкт-Петербурге, очень жарко. На юго-западе, в Сочи и Краснодаре, тоже тепло. В Сибири, к сожалению, сегодня погода ужасная. На юге Сибири идёт снег, а на севере Сибири, особенно в Норильске, дует очень холодный ветер. На востоке страны погода тоже не очень хорошая. На юго-востоке, во Владивостоке, например, идёт дождь, а на северо-востоке туманно весь день.

Answers:

From left to right, the top three boxes should indicate: hot; wind; fog
From left to right, the bottom three boxes should indicate: warm, snow, rain

✎ 💬 **Задание 3** provides further practice with the weather vocabulary in задание 1

✎ **Задание 4**

(а) В прошлом году было холодно в Москве.
(б) На юге обычно очень жарко.
(в) Мы ездили в Грецию, но шёл дождь каждый день.
(г) Иногда идёт снег в Англии зимой.
(д) Солнце светило, и было жарко.
(е) Дул ветер, и было туманно весной, но сейчас погода хорошая.
(ж) Светит солнце, но я хочу играть на компьютере.
(з) Нам нравится Ирландия, хотя часто идёт дождь.

💬 ✎ **Задание 5**

(а) мне понравился волейбол
(б) нам понравились каникулы
(в) вам понравилась Украина
(г) ему не понравился твой кот
(д) мне понравилось ужинать в ресторане
(е) тебе не понравился учитель физкультуры
(ж) мне понравились люди в России
(з) им не понравился чай
(и) нам с семьёй понравился снег в Питере
(к) мне понравилась она (мне она понравилась)

🎧 **Задание 6**

Transcript:

Меня зовут Алёна. На каникулы мы с семьёй ездили в Санкт-Петербург, так как там у нас много родственников. Было очень жарко каждый день. Мне очень понравилось.

Меня зовут Игорь, и я украинец. Зимой мы с братом ездили в Минск на две недели. К сожалению, шёл снег и было очень холодно, поэтому я не хочу возвращаться.

Меня зовут Юлия. В прошлом году мы с друзьями ездили в Турцию. Было классно! Каждый день мы ходили на пляж, потому что солнце светило.

Я Виталий. Я очень люблю путешествовать. Недавно мы с папой ездили в США. Мне очень понравилось. Там очень много достопримечательностей, и было тепло.

Меня зовут Рита. Мне 14 лет, и я русская. Я ездила в Краснодар на три дня, потому что там живёт моя бабушка. К сожалению, шёл дождь каждый день. Было ужасно.

Привет! Я Петя. В марте мы с сестрой ездили в Германию. Было очень туманно, поэтому мы ничего не делали. Я предпочитаю отдыхать в России.

Я Надя. Я из Минска. Я хотела ездить во Францию, но, к сожалению, билеты были очень дорогие, поэтому мы ездили в Эстонию. Было тепло, но не очень интересно.

Меня зовут Илья. Моя мечта – ездить в Бразилию, но как всегда в прошлом году мы с семьёй ездили в Сочи. Было слишком жарко – 35 градусов, но мне понравилось, потому что пляжи очень красивые.

	Destination	Weather	Liked it (Y / N)
Alyona	St Petersburg	very hot	Y
Igor	Minsk	snowed & was v cold	N
Yuliya	Turkey	sunny	Y
Vitaly	USA	warm	Y
Rita	Krasnodar	rained	N
Petya	Germany	foggy	N
Nadia	Estonia	warm	N
Ilya	Sochi	(too) hot – 35 degrees	Y

📖 🖉 **Задание 7**

1. Мне
2. нравятся
3. люблю
4. ездим
5. России
6. отдыхаем
7. Италию
8. понравилась
9. ели
10. пасту
11. видели
12. отличная (отличной)
13. светило
14. было
15. позапрошлом
16. ездили
17. красивое
18. называется
19. Шёл
20. понравилось

📖 **Задание 8**

Ей очень нравится путешествовать.
Она иногда отдыхает в Европе.
Итальянская кухня очень вкусная.
В позапрошлом году она отдыхала в России.
Погода на Байкале не была хорошая.

🖉 **Задание 9** is a short-ish writing task to consolidate the material covered so far on this topic.

5.3 Куда ты поедешь?

🎧 **Задание 1**

Transcript:

> Здравствуйте! Меня зовут Лев. Я русский и живу в Москве. На каникулы я поеду в Берлин, потому что у меня есть родственники там.
> Привет! Я Наташа. В этом году я поеду в США. Звучит супер, да?! Я буду отдыхать там две недели.
> Меня зовут Матвей, и я живу во Владивостоке. На каникулы я поеду в Японию, так как я изучаю японский язык в университете, и я хочу практику.
> Добрый день! Меня зовут Карина, и я украинка, но живу в Нью-Йорке. Каждый год мы с семьёй возвращаемся в Украину на две недели. В этом году мы поедем туда в августе.
> Я Роман. В этом году мы с семьёй поедем в Финляндию, где учится моя сестра. Классно, да?
> Привет всем! Меня зовут Катя. В этом году я поеду в Китай. Я буду там работать журналисткой два года. Жду с нетерпением!

Answers:

	Куда? а, б, в, г, д или е?	Другая информация
Роман	а	сестра учится там
Наташа	б	будет отдыхать там две недели
Матвей	е	изучает японский язык в университете
Катя	в	будет работать там журналисткой два года
Лев	д	родственники живут там
Карина	г	живёт в Нью-Йорке, возвращается в Украину каждый год

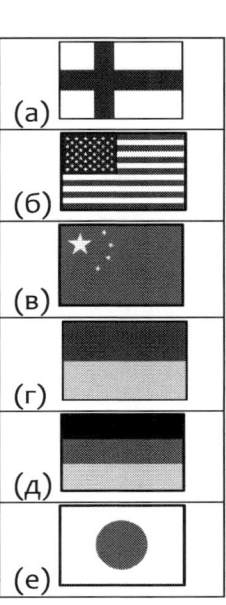

✏️ **Задание 2**

(а) В этом году я **поеду** в **Японию**.
(б) Ваня и Таня **поедут** в **Лондон**.
(в) Мы с друзьями **поедем** в **Китай** на месяц.
(г) Когда ты **поедешь** в **Испанию**?
(д) Почему вы не **поедете** в **Беларусь** с братом?
(е) Мой дедушка **поедет** в **Австралию** на два дня.
(ж) Я очень хочу **поехать** в **Астану** на каникулы.
(з) Мы с семьёй, наверное, **поедем** в **Мадрид**.

📖 **Задание 3**

(а)	гулять (I) по городу	= м	(а)	to go cycling / skiing / snowboarding	
(б)	делать экскурсию по городу	= г	(б)	to sunbathe on the beach	
(в)	загорать (I) на пляже	= б	(в)	to go surfing / diving	
(г)	заниматься сёрфингом, дайвингом	= в	(г)	to do a tour of the town	
(д)	знакомиться (II) с новыми людьми	= к	(д)	to go to museums, theatres, restaurants	
(е)	кататься (I) на велосипеде / лыжах / сноуборде	= а	(е)	to buy souvenirs	
(ж)	купаться (I) в море	= и	(ж)	to go sightseeing	
(з)	осматривать (I) достопримечательности	= ж	(з)	to dance at a disco	

(и)	покупать сувениры	= **е**	(и)	to swim in the sea
(к)	пробовать (I) местную кухню	= **л**	(к)	to meet new people
(л)	танцевать (I: танцую, танцуешь…) на дискотеке	= **з**	(л)	to try the local cuisine
(м)	ходить в музеи, театры, рестораны	= **д**	(м)	to stroll around the town

✏ **Задание 4**

(а) На каникулах я всегда **купаюсь** в море и **загораю** на пляже.

(б) Мы с родителями часто **ходим** в музеи, к сожалению.

(в) Где вы **покупаете** сувениры, когда вы в Париже?

(г) Я часто езжу на юг Франции, где я **занимаюсь** дайвингом каждый день.

(д) Когда мы отдыхаем в новом городе, мы обычно **гуляем** по городу и **пробуем** местную кухню.

(е) Артём **осматривает** достопримечательности и **знакомится** с местными людьми.

(ж) Когда они в Испании, Таня и Саня **танцуют** на дискотеке каждую ночь.

(з) Зимой многие англичане ездят в Альпы, где они **катаются** на лыжах или на сноуборде.

(и) Мы **делаем** экскурсию по городу, но сегодня так жарко, что хотим **купаться** в море.

(к) Вы **ходите** в музеи, когда **гуляете** по городу?

🎙 **Задание 5** prompts pupils to practise the new vocabulary from задание 3. Teachers could usefully revise phrases for introducing opinions in advance of tackling this activity.

🎧 **Задание 6**

Transcript:

Ж: Мы с мужем хотим поехать в Одессу. Это красивый город, который находится на юге Украины. Там отличный оперный театр, поэтому мы будем ходить туда. Так как у нас есть внуки, мы тоже будем покупать сувениры.

М: В этом году я поеду в Финляндию. Я буду пробовать местную кухню, хотя я слышал, что финская кухня невкусная. Я тоже буду ходить в музеи каждый день. Жду с нетерпением!

Ж: Я буду отдыхать во Франции в этом году. Звучит супер, да? Я буду осматривать достопримечательности Парижа, затем буду загорать на пляже в Ницце.

М: У нас с женой маленький ребёнок, поэтому в этом году мы просто поедем в Краснодар, где живёт моя мама. У неё там есть квартира в пригороде. Мы будем купаться в море и, я надеюсь, знакомиться с новыми людьми.

Ж: Я буду отдыхать в Лондоне. Там отличные дискотеки, на которых я буду танцевать всю ночь. Мои родители думают, что я буду изучать английский язык. Ха! Я буду танцевать и ходить в рестораны!

М: В этом году я поеду в США. Я буду заниматься серфингом и кататься на велосипеде. Я думаю, что это очень важно заниматься спортом на каникулах.

	Destination	Plans
	Odessa, Ukraine	1. opera theatre 2. buy souvenirs
	Finland	1. try the local food 2. go to a museum (every day)
	France	1. sightseeing (in Paris) 2. sunbathing (in Nice)
	Krasnodar	1. swim in the sea 2. meet new people

	London	1. dance all night long
		2. go to restaurants
	USA	1. surfing
		2. cycling

📖 Задание 7

(а) a climate where it never rains **Yalta**
(б) a multicultural experience **New York**
(в) Europe's most famous attractions **London**
(г) generous portions in restaurants **New York**
(д) hot weather every day **Malta**

(е) inexpensive food **Rome**
(ж) lots of activities **Malta**
(з) plenty of evening entertainment **Anapa**
(и) something for children **Yalta**
(к) the promise of new friends **London**

📖 Задание 8

(а) недорогой
(б) столица
(в) замечательный
(г) шопинг
(д) на автобусе
(е) песчаные пляжи

🦜 Задание 9 is an oral presentation on holidays.

5.4 Транспорт

✏️ Задание 1

(а) В этом году мы с семьёй полетим в Казахстан на [plane] **самолёте**.
This year my family and I will go/fly to Kazakhstan by plane.
(б) Мы обычно ездим в Беларусь на [train] **поезде**.
We usually go to Belarus by train.
(в) Мы с друзьями предпочитаем ездить на [bike] **велосипеде**.
My friends and I prefer to go by bike.
(г) Я не люблю путешествовать на [car] **машине**.
I don't like to travel by car.
(д) Каждый день Таня ездит в школу на [trolleybus] **троллейбусе**.
Every day Tanya goes to school by trolleybus.
(е) Осенью моя сестра ездила в Ригу на [bus] **автобусе**.
In the autumn my sister went to Riga by bus.
(ж) Когда они были в Москве, мои родители ездили на [metro] **метро**.
When they were in Moscow my parents went / travelled by metro / underground railway.
(з) В субботу Дарья поедет в магазин на [taxi] **такси**.
On Saturday Daria will go to the shop by taxi.
(и) Моя мечта – поехать во Владивосток на [motorbike] **мотоцикле**.
My dream is to go to Vladivostok by motorbike.
(к) Женя говорит, что она никогда не будет ездить на [tram] **трамвае**.
Zhenya says that she will never go / travel by tram.

🦜 📖 Задание 2

(1) ✗
(2) ✗
(3) ✓ ✗
(4) ✓
(5) ✓ ✗
(6) ✓ ✗

(а) неудобно
(б) медленно
(в) открывать окно
(г) много пробок
(д) смотреть в окно
(е) ходить по вагону

(ж) билеты

(и) воздух грязный

(з) полезно

(к) много народу

✎ 🐟 **Задание 3** presents an opportunity for pupils to recycle language from exercise 2.

🎧 **Задание 4**

Transcript:

> М: Обычно мы с семьёй ездим на каникулы на машине, потому что это быстро и удобно. В прошлом году мы так и ездили в Краснодар на машине.
> Ж: Мы с семьёй почти всегда летаем на самолёте, потому что мы любим отдыхать в Испании. Там солнце светит, и пляжи красивые. Однако в прошлом году мы были на даче и никуда не ездили.
> М: Мой брат ездит на море на мотоцикле. Он очень быстро ездит, и маме не нравится это. В прошлом году он летал в Китай с нами на 10 дней.
> Ж: Я обычно отдыхаю с друзьями. Каждый год мы ездим в Финляндию на поезде. Это интересно, потому что можно знакомиться с новыми людьми. В прошлом году мы тоже ездили в Хельсинки на поезде.
> М: На каникулы я обычно езжу в деревню на автобусе. В этом году я тоже буду ездить туда на автобусе, потому что, хотя это медленно, это недорого. Однако в прошлом году я ездил в деревню на поезде.

Answers:

	Usual mode of transport	Comment (other details possible – see transcript)	Mode of transport used last year
(а)	car	it's quick and convenient	car
(б)	plane	likes holidaying in Spain	-
(в)	motorcycle	goes very fast; mother doesn't approve	plane
(г)	train	interesting as you can meet new people	train
(д)	bus	it's slow but inexpensive	train

✎ **Задание 5**

1. январь
2. февраль
3. март
4. апрель
5. май
6. июнь
7. июль
8. август
9. сентябрь
10. октябрь
11. ноябрь
12. декабрь

✎ **Задание 6** prompts pupils to combine the months of the year with modes of transport, as per the example given. This could be extended by asking pupils to include an explanation in each sentence.

🎧 **Задание 7**

Transcript:

> Многие люди не любят ездить на автобусе, потому что это медленно. Тем не менее, в июне билеты были дорогие, потому что было очень жарко, поэтому люди хотели ездить на море. Русские предпочитают ездить на поезде, так как можно ходить по вагону и смотреть в окно. Однако им тоже нравится самолёт, потому что Россия очень большая страна, и это быстро.
> В апреле Катя Иванова летала в Киев на самолёте. Она говорит: «Мне очень понравилось, потому что билет был недорогой и ужин был очень вкусный. Я ела курицу с рисом и мороженое. Я тоже смотрела очень хороший фильм».

Answers:

(а) slow

(в) sea

(б) hot

(г) look out the window

(д) quick   (з) supper
(е) April   (и) chicken
(ж) plane   (к) film

✐ **Задание 8** is a re-translation exercise. See exercise 7 above for the correct answer. Variations on this will be possible.

5.5 Где жить?

✐ **Задание 1**

The answers, from left to right starting on the top row, are:

е	з	д
ж	г	б
а	в	

✐ **Задание 2** rehearses y+genitive to say 'at someone's house'.

📖 **Задание 3**

    (а) abroad

    (б) 5*

    (в) she swims

    (г) she sunbathes & reads on the beach

    (д) she walks & tries the local cuisine

    (е) France

    (ж) the weather is good & people are nice

    (з) in February with her husband

    (и) in their friends' flat not far from the Eiffel Tower

    (к) on their balcony

    (л) private plane

    (м) she has lots of money

    (н) by bus or train

🐎 📖 **Задание 4** is an oral activity that requires pupils to think on their feet to come up with suitable alternatives to the model provided.

🎧 **Задание 5**
Transcript:

> М: Дорогая жена! Куда мы поедем на каникулы в этом году?
> Ж: Ой, муж. Я не знаю. В прошлом году куда мы ездили?
> М: Мы ездили в деревню, где жили у твоего брата.
> Ж: А, да, конечно! Мне очень понравилось. Я хочу поехать туда.
> М: А я не хочу. Я хочу поехать в Казахстан, где живёт мой дядя.
> Ж: Звучит скучно. Я не хочу.
> М: Почему скучно? У нас есть палатка, поэтому мы можем жить неделю у брата, а неделю в палатке. Будет супер!
> Ж: Знаешь, муж, я хочу поехать в Европу – в Грецию, или в Турцию. Там многие русские отдыхают. Я знаю, что это дорого, но ты отлично зарабатываешь.
> М: Нет, там будет слишком жарко, и там не говорят по-русски. Может мы будем снимать квартиру в Питере и там отдыхать. Твоя сестра говорит, что там очень хорошие достопримечательности.
> Ж: Да ты что! Отдыхать летом в городе? Это ужасно, когда светит солнце, жарко, и воздух грязный. И у нас не будет машины.
> М: Но в Питере есть очень хорошее метро, на котором можно ездить по городу.

Ж: Нет, летом я хочу поехать в деревню, а зимой мы поедем в Питер.
М: Звучит дорого!
Ж: Звучит интересно!

Answers:

(а) В прошлом году они
    жили у её брата
(б) Он не хочет
    возвращаться туда
(в) Она хочет
    отдыхать в Турции или Греции
(г) Он думает, что отдых в Питере
    будет интересно
(д) Она думает, что в Питере будет
    жарко и неудобно
(е) Он говорит, что в Питере
    метро хорошо работает
(ж) Она говорит, что они могут отдыхать
    в Питере зимой, а в деревне летом

📖 ✒ **Задание 6**
Куда поехать на каникулы?

Многие люди не **знают**, куда поехать на каникулы. Можно отдыхать в России на **даче** или у родственников. Это недорого и недалеко, но это не очень оригинально. Можно отдыхать в Украине, Беларуси или Казахстане, но там очень много русских, поэтому это не очень **интересно**. Однако можно туда ездить на **поезде**, и летом там погода очень хорошая. Если есть деньги, можно поехать в Италию, Португалию или Францию. Там можно жить в пятизвёздочной гостинице недалеко от **пляжа**, где светит солнце весь день и никогда не идёт дождь. Днём там можно **купаться** в море или загорать на пляже и читать книги. Вечером можно пить коктейли на балконе гостиницы или танцевать на **дискотеке**. Звучит супер, конечно, но если ты плохо зарабатываешь, то рекомендую отдыхать на даче или у друзей. Там **можно** отлично отдыхать, даже если нет денег.

📖 **Задание 7**
Select the five statements that most closely match the text above.
A holiday in Ukraine can lack the wow factor.
You can get to Kazakhstan by train.
The weather in Belarus is very good.
If money is no factor, you should consider a holiday in western Europe.
If your salary is low then you should spend your holiday at a dacha.

✒ **Задание 8** & 🗣 **Задание 9** are two final consolidation exercises on the topic of holidays.